中国科普创作大奖得主松鹰倾情奉献

科学巨人的故事

KEXUE JUREN DE GUSHI AIYINSITAN

爱因斯坦

松 鹰著

山西出版传媒集团·希望出版社

一只盲目的甲虫在地球表面爬行时，它并不知道它所走的路线是弯曲的，而我有幸意识到了这一点。

——爱因斯坦

照亮我的道路，并且不断给我新的勇气去愉快地正视生活的理想，是善、美和真。

——爱因斯坦

科学是一种强有力的工具。怎样用它，究竟是给人带来幸福还是带来灾难，全取决于人自己，而不取决于工具。刀子在人类生活上是有用的，但它也能用来杀人。

——爱因斯坦

爱因斯坦的成功是因为他了解自然界的规律，他的理论也符合整个自然界的演变。爱因斯坦对 20 世纪的科学有极大的影响；很可能，他对 21 世纪的科学也有同样或更大的影响。

——著名华人科学家李政道

在 20 世纪初，发生了三次概念上的革命，它们深刻地改变了人们对物理世界的了解，这就是狭义相对论（1905 年）、广义相对论（1915 年）和量子力学（1925 年）。前两次革命是爱因斯坦发起的，他并且影响和帮助了第三次革命的形成。

——著名华人科学家杨振宁

在过去的 100 年中，世界经历了前所未有的变化。其原因并不在于政治，也不在于经济，而在于科学技术——直接源于先进的基础科学研究的科学技术。没有别的科学家能比爱因斯坦更代表这种科学的先进性。

——英国著名科学家霍金

KEXUE JUREN DE GUSHI

AIYINSITAN

KEXUE JUREN DE GUSHI

AIYINSITAN

爱因斯坦是20世纪最伟大的物理学家，举世闻名的科学泰斗。他于1905年创立的“狭义相对论”，首次提出了时间、空间与物质三者之间的崭新观念，牛顿引力理论成了爱因斯坦相对论在低速时的一个特例。1915年，爱因斯坦在“广义相对论”中，又用“弯曲空间”代替了牛顿的“重力”，让宇宙的真面目显露出来。相对论开创了物理学的新纪元，改变了整个人类对宇宙的认识，科学史家称它“将牛顿物理学整个翻了过来”。

前 言

■ KEXUE JUREN DE GUSHI

影响世界历史的人

刘兴诗

希望出版社隆重推出的《科学巨人的故事》，是松鹰撰写的十位科学家的传记。

哥白尼、伽利略、达尔文、牛顿、富兰克林、爱因斯坦、法拉第、卢瑟福、玻尔、费米……这些名字，每一个都是一部传奇，每一个都是科学史上的一座丰碑。他们不愧是影响世界历史进程的人。

这套《科学巨人的故事》出自同一位作者之手，风格统一，装帧精美，内容深入浅出，引人入胜。实属科学家传记文学中不可多得的精品。

郁达夫曾评价美国著名作家房龙说："房龙的笔，有一种魔力，但这也不是他的特创，这不过是将文学家的手法，拿来用以讲述科学而已。"

读松鹰这套《科学巨人的故事》，感觉作者的笔具有同样一种魔力。作者毕业于哈尔滨军事工程学院，是国家一级作家，既谙熟科学，又有深厚的文学素养，写科学巨人的生平故事，娓娓道来，妙趣横生，令人不忍释卷，读罢又耐人寻味。

科学家留给我们的遗产是什么？

不消说，是有用的科学知识。

人类的开化，历史的进步，正是一代代科学家，用精湛的科学知识"砖块"，垒砌而成的"摩天大厦"。

科学家留给我们最宝贵的财富是什么？

那就不仅仅是具体的科学知识，还有科学家自身的人格魅力。道理非常简单，一个个具体的知识“砖块”，只不过是作为建筑材料的“砖块”而已，并没有直接延伸的幅度。可是科学家作为建筑者，那就完全不同了，还有很多很多延伸扩展的领域。

让我们这样说吧。科学家贡献出的知识，那就是一块砖。不管多么伟大的科学家，生命总是有限的。不管是哥白尼、伽利略、牛顿，还是爱因斯坦，一生几十年也只能垒砌几块砖、几十块砖，最多一大堆砖而已。可是他们留下的生命经历和科学精神，却永远传诵在人间，写成传记故事世代流传，这才能鼓舞后来者继续奋进，构筑更加宏伟的科学宫殿。从这个意义来说，科学家传记文学不亚于科学本身，道理就非常清楚了。

松鹰这套《科学巨人的故事》就是这样的。它着眼的是阐述科学家孜孜不倦的探索精神，为社会服务、造福民众的思想境界，淡泊名利的高尚情操，以及坚持真理、不迷信权威的信念等等。

科学的道路并不平坦，需要踏踏实实一步一个脚印地攀登。从这个角度讲，我们学习科学家就不仅仅是一些具体的科学知识，更重要的是他们孜孜不倦的研究精神，不求名利的淡泊人生态度。牛顿是这样，法拉第、富兰克林、卢瑟福、玻尔、费米，以及许许多多科学家的人生轨迹，都留下了远比知识本身更加宝贵的精神财富。

松鹰这套《科学巨人的故事》就是这样的作品，我愿意在此向青少年读者们郑重推荐。

2012年3月18日于成都理工大学

目录

■ KEXUE JUREN DE GUSHI

MULU

■ KEXUE JUREN DE GUSHI

美国东部有座著名的大学城叫普林斯顿，这是一个民风淳朴的小镇,人口不多,环境幽美而宁静。

1940年秋天的一个傍晚,有个金发小姑娘背着书包,正放学回家。她一蹦一跳地走在街道旁边的林荫道上,突然看见一个滑稽有趣的人朝她走来。这个人一头蓬松的白发,身上随便套着一件外套,外套很肥大,就像是为了取暖把毯子裹在身上一样。他长着一个大鼻子,一双布满鱼尾纹的眼睛,嘴唇上留着粗硬的胡子,走路时老是凝视着路面,像在想着什么。当他走着走着,突然发现了小姑娘,于是投来一个和蔼的微笑,然后又继续向前走。这时小姑娘才发现他穿着拖鞋——居然忘了换鞋子。她惊奇极了。

他仿佛是一个童话中的人物,不知怎么从书里跑了出来,走在这小镇的街上,幽灵似的从她身边闪过。

当天吃晚饭时，小姑娘给家里人说:“我看见一个非常滑稽古怪的人。”这时,父亲放下手中的刀叉,注视着她,说出了一句让她永远难忘的话:“我的孩子,要记住,今天你看见的是世界上最伟大的人。”

这个人就是举世闻名的科学泰斗爱因斯坦。

他是怎样来到普林斯顿小镇的?

为什么人们会这样崇敬他呢?

这是一个充满着奋斗、成功和传奇色彩的故事……

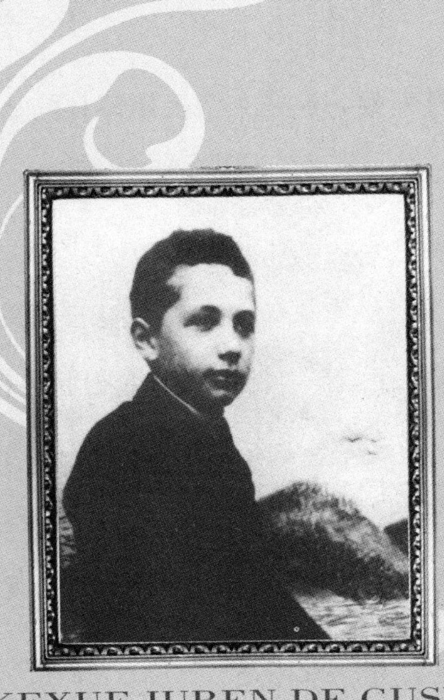

KEXUE JUREN DE GUSHI

犹太少年

一只笨鸟

yizhibenniao

在德国南部的巴伐利亚州，有个叫乌尔姆的小镇，蓝色的多瑙河静静地从这里流过。这个小镇风光旖旎，农产丰富。镇上有一座600年前建造的哥特式大教堂，据说是全德国最高的教堂，每当夕阳照在高耸的塔尖上时，景象十分壮观。

1879年3月14日，爱因斯坦就诞生在这个小镇的一个商人家庭里。他是上午11点半呱呱坠地的，出生地是乌尔姆镇火车站街B第135号。

在爱因斯坦的家族史上，从未出现过科学和文学上的杰出人物，也没有出过军事家或政治家。他的先辈过着地地道道的德国犹太商人的生活。这是一个世代沿袭、本分勤勉的商贾之家。

三岁时的爱因斯坦

爱因斯坦的父亲名叫海尔曼·爱因斯坦，经营着一家电器修理行，他的生意做得并不得意。但海尔曼为人厚道，豁达乐观，闲暇时喜欢读读歌德、海涅的诗歌。爱因斯坦的母亲叫葆玲，是一个典雅、贤淑的女人，有很高的文化修养，尤其喜爱音乐。

爱因斯坦是家里的第一个孩子，他的诞生给父母带来了莫大的欢乐和希望。父亲给他取了个很好听的名字：阿尔伯特。

阿尔伯特不到一岁的时候，全家搬迁到巴伐利亚州的首府慕尼黑去了。在他童年的记忆里，

爱因斯坦的母亲葆玲

乌尔姆这座古老的小镇没有留下多少印象。

慕尼黑是一座美丽的城市。城里有许多教堂和古色古香的建筑，城外绿草如茵，向远处眺望，可以看见白雪覆盖的阿尔卑斯山。

海尔曼·爱因斯坦同弟弟雅各布·爱因斯坦在慕尼黑合伙开办了一家电器工厂。雅各布学过工程技术，负责生产制造，海尔曼管买卖，兄弟俩经营得还不错，他们的生活过得很富裕。海尔曼常常带着全家人到郊外去旅游，玩得很开心。到阿尔伯特两岁时，妹妹玛雅出生了。家里增加了一个女孩，更增添了很多欢乐。但直到这时阿尔伯特还不会说话，母亲葆玲开始担心了。

“海尔曼，这孩子怎么还不开口说话呀？”

“亲爱的，没有关系！到时候他自然会说的。”海尔曼总是这样安慰妻子，但葆玲还是不放心。

“咱们的阿尔伯特会不会是个弱智儿童呀？别的孩子这么大早就会叫‘爸爸’‘妈妈’啦！”

“不会的！你瞧瞧，你弹琴时小阿尔伯特听得多入迷哟。”父亲对阿尔伯特充满信心。

转眼间，玛雅快两周岁了。小丫头活蹦乱跳的，一张小嘴总爱咿咿呀呀唱个不停。

但是阿尔伯特还是金口难开，而且，他不喜欢和其他孩子一道游戏，总爱独自一人玩，或是望着飞翔的蝴蝶出神，或是默默地数着天上的星星。

保姆吃力地教他说话：“阿尔伯特，叫‘妈妈’！”

“莫莫！”他笨拙地学着。

“叫‘爸爸’！”

“‘波波’！”

保姆摇摇头，给他取了个绰号，叫做“笨头笨脑的小祖宗”。

做母亲的也急了：为什么阿尔伯特这么“笨”呢？她请来了医生。医生给阿尔伯特作了全面检查后，笑着对海尔曼夫妇说：“这孩子智力没有问题。说话晚一些，不是病。”

“啊，上帝，这就好啦！”慈爱的葆玲这才放下心来，她轻轻抚摸着阿尔伯特的大脑袋，疼爱地说，“真是一只笨鸟。”

海尔曼拍拍妻子的手笑道：“亲爱的，‘笨鸟’也许会先飞的。”

没想到，海尔曼这句随口说出的话，日后竟然得到了印证。

神奇的小磁针

shenqidexiaocizhen

爱因斯坦三岁时才开始说话，到四五岁时，神秘的大自然第一次叩开了他幼稚的心灵之门。

爱因斯坦的父亲海尔曼

一天，阿尔伯特生病了，静静地躺在床上，睁大眼睛望着墙上的风景画出神。

这时，父亲海尔曼微笑着走了进来。

“乖孩子，你瞧我给你带来一样什么礼物。”父亲从口袋里掏出一个小罗盘递给他。

阿尔伯特手捧着小罗盘，看见玻璃下面的磁针在微微颤动着，觉得很稀奇。

“这叫罗盘，是中国人发明的。”

“啊,罗盘?”

“表是计时的,而罗盘可以用来确定方位。有了它,船在海里航行就不会迷失方向了。”

“真的吗?”阿尔伯特很惊奇。

“是的。你仔细瞧着。”

父亲拿起小罗盘转动了几下,里面的小磁针也摆动起来,可是等磁针停下来时,红色的一端仍然指着壁炉的方向。

“这个方向是北方。”父亲说。

阿尔伯特接过罗盘,用力地晃了晃,小磁针微微抖了抖,转回来依然指着北方。阿尔伯特又把罗盘摆在左手的手心上,不管他的手怎么旋转,那磁针仿佛有一种魔力,一直指着北方。

阿尔伯特惊讶极了。

“爸爸,磁针为什么总指向北方呢?”

“因为地球里面有一种磁力,这种磁力对磁针有吸引力,使它总是指向

慕尼黑广场

北方。”

“这种磁力藏在地球的什么地方呢？”

“可以说到处都有，无所不在。”

阿尔伯特惊奇地又看了一眼磁针，然后将罗盘小心地收起来。他躺在床上不再说话了，一双漂亮的褐色大眼睛若有所思地望着墙壁，眸子里闪烁着亮晶晶的光芒。“真有一种看不见、摸不着的神奇力量，在支配着这个世界呢！这多么神秘啊！”阿尔伯特默不作声地想着。在他童稚的心里第一次感觉到，这世界的背后一定深藏着一种规律，万物都遵循着这伟大的力量，一分不差地运动着。

阿尔伯特闭上眼睛，一心一意地想着。究竟想些什么，他自己也不明白。他觉得自己突然长大了许多，在宇宙深处遥远的地方，仿佛有一种神秘的力量在向他召唤，唤起了他探寻宇宙奥秘的念头——这神奇的好奇心，就像一把火炬，引导他后来登上了伟大的科学殿堂。

六岁的时候，阿尔伯特进了小学。

慕尼黑当时有天主教会办的学校，也有犹太教会办的学校。爱因斯坦父母虽然都是犹太人，但他们的宗教观念并不强。他们几乎忘记了自己是犹太人，别人也不介意同他们往来，所以阿尔伯特被送进一所天主教会办的小学。他是班上唯一的犹太小孩。

由于阿尔伯特不爱说话，又不合群，他一到学校，同学们就给他取了两个绰号：“老实头”和“无聊伯伯”。加上保姆给他取的雅号“笨头笨脑的小祖宗”，阿尔伯特小小年纪就有了三个光荣的外号了。不过，他并不在乎这些，照样沉默寡言，独来独往。当其他孩子在操场上打闹游戏时，他总是蹲在校园一角，静静地在地上画着 X、Y、Z 和一些奇怪的符号。

阿尔伯特童年时最大的乐趣，就是演算代数题了。他觉得那些抽象的符号里面藏着无穷的奥妙。

阿尔伯特迷上数学，还得归功于叔叔雅各布。雅各布是一个充满活力的工程师，他很喜欢"笨头笨脑"的阿尔伯特。

有一天，阿尔伯特从学校回来，问雅各布："叔叔，什么是代数呀？"

"代数这玩意儿呀，"雅各布朝他挤挤眼，笑着说，"可以说是懒鬼的算术，凡是不知道的东西，都把它叫做X，然后再去找这个X。"

雅各布叔叔生动的比喻引起阿尔伯特莫大的兴趣。这是多么有趣的捉迷藏呀！阿尔伯特从叔叔那里学了些初步的代数知识后，就一天到晚热衷于寻找X、Y、Z了。

代数题做累了，阿尔伯特就站在窗前练练小提琴。他是从六岁时学拉小提琴的。妈妈给他钢琴伴奏，妈妈的钢琴弹得很好。他拉莫扎特和舒伯特的曲子，每当优美的旋律从琴弦上倾泻出来的时候，他就会被音乐深深地陶醉。他感觉到周围的世界，就和这音乐一样，充满了完美与和谐。小提琴成了他终身的伴侣。

晚上，爸爸还常常给阿尔伯特朗诵诗歌。歌德的《浮士德》和海涅的《北海》，引起他许多美丽的幻想。

无形之中，小阿尔伯特从三个大人那里，接受了科学、音乐和文学的熏陶。正是这三者，后来成为塑造爱因斯坦伟大人格的三根支柱。

耶稣和犹大

yesuheyouda

爱因斯坦上小学后，才知道自己是犹太人。

一天，阿尔伯特放学回来，急不可待地问父亲："爸爸，什么叫做犹太人啊？"

"犹太人？……我们家里的人都是犹太人呀。"

"哦，那我们还是不是德国人呢？"

“当然是□,我们祖祖辈辈都生活在德国,讲德语,德国就是我们的祖国。不过,从血统上讲,我们是犹太人。”

“可是,我们为什么不信犹太教呢?”

“宗教只是一种信仰,”海尔曼瞅着儿子困惑的表情说,“犹太人并不一定都得信犹太教呀!”

海尔曼一家属于自由型的犹太人,比较开通。对他们来说,犹太族只是一种古老的血缘,而不是一种种族的束缚,他们并不遵守世代相传的犹太教礼法。海尔曼先生对宗教和神学,一直保持着无所谓的态度。家里保留下来的唯一传统,就是每周星期四安息日时,要招待一位贫寒的犹太大学生吃顿午饭。

儿子和父亲却不一样。阿尔伯特心里充满了宗教感情。历史课讲的《圣经》故事,教堂里庄严的钟声、明亮的蜡烛、唱诗班优美的歌声,使他幼小的心灵里对宗教和上帝充满了崇敬之情。

“嗯,”阿尔伯特想了想,又问道:“爸爸,犹太人的上帝和德国人的上帝一不一样呀?”

“我的孩子,上帝只有一个,那就是耶稣。”

“听说耶稣是被犹太人害死的呀?”阿尔伯特的脸上浮现出阴影。他曾经在街上听见有人骂“肮脏的犹太人,猪”,因此为自己身为犹太人感到一种隐约的耻辱。

“不对,孩子。”父亲摇摇头说,“将耶稣钉死在十字架上的并不是犹太人,而是罗马的官吏。出卖耶稣的虽然是一个名叫犹大的犹太人……但是耶稣也是犹太人呀。”

“哦,耶稣也是犹太人!”

阿尔伯特沉默了。

自从爱因斯坦知道自己是犹太人后,他的心里增加了一层复杂的感情。究竟是什么样的感情,他自己也说不清楚。也许这是一种“宿命”。从那以后,“犹

太人”的印记,他一生都没有摆脱掉。

在小学的最后一年,有一次上历史课。

矮胖的历史老师走上讲台,给全班学生讲《圣经》的教义。

“大家知不知道,我主耶稣是怎样受难的? ”他神情庄重地问。

教室里鸦雀无声。阿尔伯特屏声静气,脸色紧张起来。

历史老师大声说:“上帝派耶稣到世间来拯救苦难的犹太人,他向他们传教,为他们治病……但是耶稣的门徒犹大,为了 30 块银币,竟将他的老师出卖了! ”

老师的语调变得低沉起来,他的目光凝视着空中,喃喃地说:“我主耶稣最后被钉在十字架上,手上淌着鲜血……”

教室里的气氛变得激动了。

“大家看,耶稣就是被这样大的钉子钉死的! ”老师拿出一根很长的铁钉,举在手中给学生们看。

老师讲这些话并无意伤害阿尔伯特,但是阿尔伯特却突然觉得满脸发烧,一阵心悸,那根闪着寒光的铁钉就像钉进了自己的胸膛。因为班里只有他是唯一的犹太人,老师的话音刚落,全班几十双视线一齐向他投来,他的内心受到莫大的震动。

“我为什么会是犹太人啊? 可是,是犹太人又有何罪过? 就因为祖先里出了个犹大吗? 我主耶稣也是犹太人呀……”

阿尔伯特痛苦地问自己。

是的,犹大不应该出卖自己的老师,祖先里出了这样一个小人,是犹太民族的耻辱。但是如果就因为这而诅咒犹太人的话,那犹太人里也出了救世主耶稣,为什么不因此而对犹太民族加倍尊敬呢? 这是阿尔伯特想说的话。

他不喜欢犹大,但非常崇敬耶稣。宗教在他心中激起的崇高感情,并没有因为这件事的打击而消退。他相信《圣经》里的故事,相信自己是上帝的孩子。

为了表达这种虔诚的感情，阿尔伯特模仿从书上读来的古诗，写了一些歌颂上帝的小小赞歌，再配着熟悉的曲子，在回家的路上，独自哼哼地唱着。

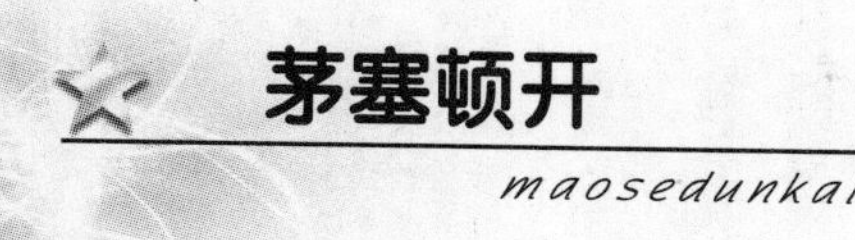

茅塞顿开

maosedunkai

童年时光，就这样像梦一般地过去了。

阿尔伯特十岁那年，进入路提波德中学上学。他的生活，也揭开了新的一页。

路提波德中学是慕尼黑第一流的学校。当时只有慕尼黑成绩最优秀的学生或者幸运儿，才可以到路提波德中学上学。

“咱们的阿尔伯特是中学生啦！”父亲高兴地说。

“是呀，你瞧他穿上校服多神气啊！”母亲也笑道。

可是，阿尔伯特穿上这蓝色制服，浑身不自在。“就像警察一样！”他在心里嘀咕着。

当时德国的中小学教育非常古板。一来是老师管得过严过死，学生都成了机器；二来是德国军国主义甚嚣尘上，学校里的气氛带有很浓的半军事化色彩，纪律严格而苛刻。对阿尔伯特来说，从小学升入中学等于从一座“小兵营”进入了一座“更大一点的兵营”。难怪他不喜欢制服。

进入路提波德中学不久，阿尔伯特就向雅各布叔叔诉起苦来。他说：“如果说小学的老师像陆军上士，那么，中学老师便是一群中尉了。”

在课堂上，那些“中尉阁下”装腔作势，照本宣科，把拉丁文、希腊语像稻草一样往学生的脑子里塞。谁要是敢于给老师提点意见，马上就会受到严厉的处罚。每次上课，阿尔伯特都有一种“耶稣受难”的感觉。

看见阿尔伯特无精打采的模样，雅各布叔叔拍拍他的肩头，鼓励道：“既然

爱因斯坦就读的路提波德中学

你不喜欢嚼那些稻草，那就自己去发掘知识的宝藏吧！”

“是呀，我可以自己学呀！”阿尔伯特心头豁然开朗。他的学习兴趣，很快扩大到课堂以外。尤其对数学和物理，他有着特别浓厚的兴趣。

在新学年开始的一天，雅各布叔叔在纸上画了一个直角三角形，拿给阿尔伯特看。

“阿尔伯特，你学过这个定理吗？直角三角形两条直角边的平方之和，等于斜边的平方。这是希腊哲学家毕达哥拉斯两千多年前发现的定理，很有名。在中国叫做勾股定理。你能证明吗？”

雅各布叔叔神秘地朝他笑笑。

“我？”12岁的阿尔伯特又惊讶又兴奋，“我试试看。”

阿尔伯特要把这个迷人的定理证明出来。花了整整一个星期，后来采用引垂线的方法，终于成功了。

阿尔伯特心中的快乐是难以用语言来表达的。他平生第一次体验到发现真理的乐趣。

俗话说：好事成双。没几天，又发生了一件事情，深深地打动了少年爱因斯坦。

每个星期四安息日，爱因斯坦家里都要邀请一位贫寒的犹太大学生来家里吃午饭,这是他们家多年保留的习俗。

在一个安息日,家里来了一位从俄国来的波兰犹太青年,名叫马克斯·塔尔玖,是慕尼黑大学的医科学生。塔尔玖生性活泼、机敏,一双深凹的眼睛炯炯有神。他在餐桌上发现阿尔伯特喜欢数学,而且很爱思考,于是送了一本欧几里得的《几何学原本》给他。

阿尔伯特得到这本《几何学原本》,如获至宝,把它称为"神圣的几何小书"。这是欧几里得的一本名著,书中有不少阿尔伯特从未学过的重要定理。阿尔伯特立刻被吸引住了。

一连好些日子,阿尔伯特捧着小册子读得如痴如醉,读完之后惊叹不已。用爱因斯坦多年以后的话来说,他当时简直像经历了一次"奇迹"。书中的定理,有的从直观上看不出来,但却可以非常明确地把它证明出来,逻辑严密无误,思路清清楚楚,让人没有半点怀疑。这种思维的力量,给他留下了难以形容的印象。他想:世界和人的思维是多么奇妙啊!

从此以后,阿尔伯特被几何学迷住了。

没有多久,他就学完了初等数学,开始向高等数学领域进军。

当同班同学还在课堂上愁眉苦脸地死嚼枯燥的"常量稻草"时,阿尔伯特已经兴高采烈地学会了解析几何,并且征服了微积分。

这只奇特的"笨鸟",终于先飞起来了。

上帝在哪里

shangdizainali

阿尔伯特不仅数学知识超过了同班同学,他的物理知识也突破了课本的界限,他常常提出一些奇怪的问题,让老师难以对付。

有一次上物理课,老师讲光沿着直线传播。全班的同学都目不转睛地听

讲，只有阿尔伯特望着窗外出神。

窗外有棵高大的银杏树，微风轻轻掀动着树叶，在阳光下像无数片小镜子闪闪发光。透过树叶，可以望见一片深邃的蓝天，蓝天的深处飞过几只鸽子。

“阿尔伯特，不要开小差！”老师用教鞭敲着黑板大声喝道。

阿尔伯特转过脸，默默地望着黑板。

“你不听讲，究竟在想些什么？”老师责问他。

阿尔伯特很认真地回答：“我在想，如果我以光速这么快飞向宇宙，我会怎么样？”

他的话引得全班哄堂大笑。

老师气得把鼻夹眼镜摘下来，往桌上一扔：“你会怎么样?你会摔得粉身碎骨。”

讲台下又是一阵哄笑。

阿尔伯特却没有笑，脸上现出若有所思的样子。阿尔伯特心想：是啊，世界充满了奥秘，人们还无法认识它。如何去打开那神秘的宇宙之门，也许，正是我未来的使命……

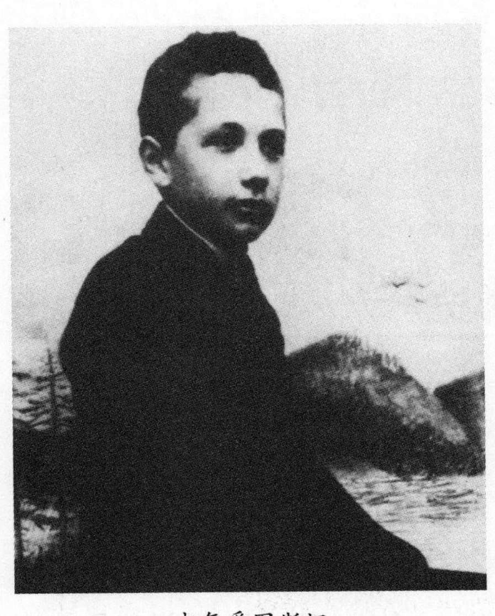

少年爱因斯坦

又一个安息日来了。这是阿尔伯特最愉快的时刻，因为每次塔尔玖来，都会给他带来一些新鲜有趣的话题。塔尔玖比阿尔伯特大 11 岁，一贫如洗，他唯一的财富就是头脑里丰富的知识。他曾笑着对阿尔伯特说：“知识的金锅谁也偷不走。”阿尔伯特很喜欢他。

“小伙子，听雅各布叔叔说，你被老师批评了？”

“是的，老师下课后警告我，不准当着

同学的面再提怪问题。”

“有意思，一定是你让老师下不了台了。究竟是什么怪问题呀？”

“我不是故意的。”阿尔伯特讲起课堂上的事。

塔尔玖听完后说道：“这个问题很有想象力呀……对了，你读过伯恩斯坦的《自然科学通俗读本》吗？”

“没有。”

“那就请海尔曼先生给你买一套吧。书中不仅有光学知识，还有其他丰富的内容。”

阿尔伯特得到父亲的支持，高高兴兴地买回了《自然科学通俗读本》。

这套科普书印得很精致，共有六卷，实际上是一部自然科学百科全书。内容包括天文、地理、生物、化学、物理等各门学科，从地球的诞生、天体的运行，到地下的矿藏、人类的起源……应有尽有，书中还配有大量精美的插图，让人爱不释手。

阿尔伯特聚精会神地读完《自然科学通俗读本》，一个全新的世界展现在他的面前。

“这就是我们居住的地球的真面目啊！”他感到惊奇极了。

可是上帝在哪里呢？阿尔伯特困惑了。

《圣经》里说：上帝第一天创造了昼和夜，第二天创造了天和地，第三天创造了陆地和花草树木，第四天创造了日月星辰，第六天创造了人……但是这本辉煌的《自然科学通俗读本》里，除了地球的真实面目和大自然遵循的规律外，竟然找不到半点上帝的影子！这位中学生的宗教信念动摇了。

没有多久，阿尔伯特又读了一本毕希纳的《力和物质》，也是塔尔玖推荐的。这是一本和《自然科学通俗读本》同样出色的科普读物，在当时影响很大。作者是一个无神论者。

这两本书，给爱因斯坦打下了牢固的科学根基，并对爱因斯坦世界观的形成，产生了重大的影响。

读完《力和物质》后，阿尔伯特完全明白了，《圣经》里的故事有很多原来是传说的。这个发现使他大为震惊。这件事在他心里烙下了深深的印记，从此以后，他不再相信宗教权威了。

此时，在阿尔伯特的心目中，取而代之的是一个新的“上帝”——那就是神秘的自然和宇宙的规律。他觉得这个巨大的世界，离开人类而独立存在，就像一个伟大而永恒的谜。对这个世界的憧憬和沉思，鼓舞着许多他所尊敬和钦佩的古今人物，不惜献出自己的全部智慧和热忱去探寻它的真谛。这是一桩庄严而神圣的事业，也是一种崇高的幸福。人在对真理的追求中，可以从世俗的欲望和追逐的桎梏中解放出来，获得内心的自由和安宁。

这条通向真理的攀登之路，并不像通往宗教天堂的道路那样舒坦和诱人，但是阿尔伯特毅然选定了它，并且终身不悔。

KEXUE JUREN DE GUSHI

叛逆者

慕尼黑，再见

munihei zaijian

这年秋天，海尔曼·爱因斯坦兄弟合开的电器工厂遇到了麻烦。由于产品销路不好，工厂被迫倒闭。为了谋求生计，另寻发展，爱因斯坦全家搬迁到意大利的米兰。

意大利是阿尔伯特向往的地方，那里是达·芬奇、伽利略和米开朗琪罗的故乡，一个科学和艺术的国度，邻近大海，到处都有明媚的阳光和自由的空气。

可是妈妈却对他说："阿尔伯特，你快毕业了，你必须留在慕尼黑读完中学。如果没有毕业证书，在米兰是进不了大学的。"

阿尔伯特一百个不情愿，但是没有办法。他只好一个人留下来，住在一间出租的小房间里。

为了那张中学文凭，阿尔伯特必须在路提波德中学里继续咀嚼那些"发霉的稻草"。学校教育学生们为了分数死记硬背，以求将来升官发财，效忠皇室。老师在课堂上板着面孔，严厉专横，讲的内容却枯燥乏味。这一切对阿尔伯特来说，都是格格不入的。再加上他性情孤僻，不好交往，同学们不喜欢他。老师对他也抱着很深的成见，认为他"智力迟钝，不守纪律，心不在焉，想入非非"。有一次开家长座谈会，海尔曼·爱因斯坦问学校的训导主任，阿尔伯特将来干什么职业比较合适。这位训导主任竟直截了当地回答："干什么都一样。你的儿子将会一事无成。"在这样令人窒息的环境里学习，阿尔伯特感到很压抑。他越觉得压抑，就越产生强烈的反抗心理。在这位 15 岁少年看来，路提波德这座"兵营"完全是专制和黑暗的化身。

阿尔伯特常常站在斗室里，打开窗户向南方眺望。他深深地想念着远在意大利的亲人们。

六个月过去了，阿尔伯特再也忍受不了这种寂寞和痛苦。他想出一个计策，去找医生。

“大夫，请给我开张诊断书吧。”

“怎么啦？年轻人。我看你不像有病吧。”医生放下听诊筒，诧异地问。

“不，我是有病的，一定是神经衰弱。”阿尔伯特装出一脸的痛苦说。

“神经衰弱？”医生狡黠地一笑说，“你倒替医生诊断起来了。”

“是的，我肯定得了神经衰弱……所以我要退学，回意大利父母那里去。”

“哈哈，我明白了！这种病不叫神经衰弱，我年轻时也得过，叫做数学恐惧症。所以你要退学……”

“不，我最喜欢数学了。但是我不喜欢这里的学校，老师也不喜欢我……再待下去，我真的会得病了。”

阿尔伯特眼泪汪汪地说出了真情。

“噢，原来是这样。”

医生被他的真诚打动了，对他同情起来。

“好吧，我替你开张证明。去意大利找妈妈去吧！”

阿尔伯特·爱因斯坦

诊断结果：该生患有严重神经衰弱，不堪继续学业。建议改变气候环境，返父母处静养。

特出证明。

阿尔伯特拿到诊断书，道了声谢，撒腿就往外跑。

阿尔伯特把诊断书和退学申请交给了校方。

为了解除上大学的后顾之忧，他又去找数学老师，恳求他帮忙。数学老师念在阿尔伯特是全班数学尖子的分上，给他出具了一份证明。证明上写道：“阿尔伯特·爱因斯坦的数学知识，已经达到大学程度。”这样一来，阿尔伯特心里踏实了。但他还有一点不放心，就是学校能让他退学吗？

三天以后，训导主任把他叫去了。

“听说你想退学，是真的吗？”

“是的。”

阿尔伯特心想：校方恐怕要提出一些为难的理由吧？可是万万没有料到，训导主任说出这样一番话来：

“这很好。由你自己提出退学申请，这样学校省去了很多麻烦。”

“你是说，我犯了什么过错吗？”阿尔伯特感到受了侮辱。

“过错嘛还说不上。不过，你在班上，会影响大家对老师的尊敬。”训导主任冷冷地说。

阿尔伯特无话可说了。他挺着胸膛，头也不回地走出了路提波德中学。

“呜——”一声汽笛长鸣，火车开动了。阿尔伯特把脑袋贴在玻璃窗上，看着一幢幢爬满藤蔓的小楼和教堂的尖顶向后移去，最后渐渐在视野中消失。如今，慕尼黑再没有什么值得留恋了。他在心中默默念道：别了，少年时代！

天高任鸟飞

tiangaorenniaofei

火车穿过阿尔卑斯山的隧道，一路南下。

爱因斯坦打开车窗，贪婪地望着窗外。这就是可爱的意大利啊！天这么高，田野这么宽阔，阳光这么灿烂！一种鸟儿出笼的感觉油然而生。火车风驰电掣。爱因斯坦想着就要同亲人团聚，不禁心旷神怡。他把脑袋探出窗外，尽情地呼吸着自由的空气。

米兰用温馨的微笑迎接爱因斯坦。

当这个北方游子提着行李，意外地出现在家门口时，母亲含着泪水搂住了他。

“阿尔伯特,还没有放假,你怎么就回来啦！”母亲又惊又喜。

“我退学了……”爱因斯坦低下头。

“我们的小英雄,是被赶出来的吧？”雅各布叔叔笑嘻嘻地问他。

“反正一样。学校不喜欢我,我也不喜欢学校……”爱因斯坦把事情的经过讲了一遍,准备着挨骂。

但是,家里人并没有责骂他。俗话说:知子莫如父。海尔曼先生听完他的解释,笑着说:“算啦,人都回来了！换个环境也许对你有好处。”

“谢谢你,爸爸！”爱因斯坦感动得扑在父亲的怀里。

“阿尔伯特,还有我们呢！”妹妹玛雅和表妹艾尔莎嚷起来,也争着和他拥抱。全家人沉浸在团聚的欢乐中。

阿尔伯特十分惬意。父母也没有责备他。但是,学业暂时无法继续,因为米兰的德语中学只收 13 岁以下的转学生,报考大学的季节又未到,爱因斯坦暂时不能上学。父亲建议他好好利用这段时间增长些见识。

就像鸟儿得到了自由的天空一样,爱因斯坦快活极了。他漫步在米兰街头,充分地领略着这座艺术古城的宁静与和谐。那一尊尊精美绝伦的大理石雕塑,使他流连忘返。这里和慕尼黑多么不同啊!在那里,除了啤酒,就是军刀和马刺。他不想再回德国,也不愿再做一个德国人。

“哦,多么自由自在……这正是我向往的地方呀。”

爱因斯坦带着简单的行李，徒步外

爱因斯坦和妹妹玛雅

出旅行。波河平原风景宜人，到处长着美丽的白杨树。他越过亚平宁山脉，来到热那亚海港，一路上，尽情地享受着明媚的阳光和乡村的情趣。

啊，海！向往已久的海！爱因斯坦站在热那亚海湾的岩石上，望着无边无际的大海、蓝色的波涛，禁不住从心底发出赞叹。这是一个内陆少年第一次看见大海：那样宽阔、雄浑、壮观、神奇……蓝缎子般的海水，一会儿平静如镜，一会儿又波涛汹涌。船只在水中穿梭如飞，海鸥在空中嘤嘤地欢叫着。

爱因斯坦漫步在沙滩上，想起牛顿的一句名言，内心不由产生了一种强烈的冲动。这位发现万有引力、创建微积分的巨人说："我不知道，在世人眼里我是什么样的人，但是在我自己看来，我不过像是在海边玩耍的孩子，为不时捡到一块比较光滑的卵石、一只比较漂亮的贝壳而喜悦，而真理的大海在我面前，一点也没有被发现。"

"我也是一个在海边玩耍的孩子，"爱因斯坦拾起一块卵石，心里遐想着，"我会捡到一只比牛顿捡到的还漂亮的贝壳吗？"

他把卵石远远地抛进海里，心中默默地说："我一定会的！"

爱因斯坦并不是空想家。回到米兰不久，他开始思考一个在脑海中徘徊已久的问题：光和以太。根据牛顿经典物理学理论，光在以太中传播。但是以太这个东西，无所不在，却又无踪无影，究竟它是什么呢？爱因斯坦花了几周时间，写成一篇论文，题目为《关于磁场中以太的研究》。

在论文中，他对以太理论提出了天真的怀疑，建议用实验进行验证。对一个16岁的少年来说，这的确是惊人之举。虽然论文的内容还有点幼稚，但它无形中却触及了经典物理学最脆弱的部位。这是爱因斯坦的第一篇论文，他初试锋芒，就选准了探索的方向。

这证明了他无疑是个天才！

探索世界是有趣的，但是以太毕竟不能当饭吃。无忧无虑的六个月过去了。由于工厂经营不景气，父亲要爱因斯坦慎重考虑自己的未来。

“阿尔伯特,你已经不是孩子了,应该考虑自己的前途了……”

雅各布叔叔也说:“对,你的数学、物理好,将来做一个电器工程师吧!”

爱因斯坦沉思起来——他的志趣是科学。但无论搞科学研究也好,学工程也好,都必须进大学。可是想进大学,需要有中学毕业文凭。怎么办呢?

这时,他想起了数学老师给他出的证明。

“对了,我要读苏黎世联邦工业大学。”

这所瑞士联邦工业大学,是中欧的一所名牌大学,拥有很多知名教授,可以招收同等学力的学生。爱因斯坦因此选中了这所学校。全家人都很支持他的计划。

于是,16岁的爱因斯坦怀着雄心,登上了开往苏黎世的火车。

落　榜

luobang

苏黎世是瑞士北部的一座美丽的城市。老城的房屋建在起伏的山峦上,在狭窄的小街两旁,坐落着许多古色古香的楼房。但走在新区宽阔笔直的大道上,四处可见高大的现代建筑,让人感到一种时代的气息。城外东南隅,是微波荡漾的苏黎世湖,湖面上扬着白帆,景色宜人。

爱因斯坦无心欣赏市容,一下火车,就提着皮箱,找到了苏黎世联邦工业大学。

“有中学毕业证书吗?”报名处的人问他。

爱因斯坦愣了一下。

“毕业证书?……我没有呀……”但他马上反应过来说,“但是我有老师的推荐信。”

他从口袋里取出那张数学老师的证明,递了上去。

美丽的苏黎世

报名处的负责人接过证书，瞥了一眼，冷冷地说：“这个不管用，你必须参加入学考试。”

爱因斯坦只好进了考场。苏黎世联邦工业大学是瑞士唯一的国立大学，入学考试很严。考试结果出来了，阿尔伯特·爱因斯坦竟然名落孙山。他的数学成绩很好，物理也不错，但语言学考得一塌糊涂，动物学和植物学也不及格。

爱因斯坦的知识，大部分是靠自学得来的，而且存在偏科的毛病。语言学、动植物学都是需要记忆的学科，他平时花的功夫不多，自然不会考好。这时，爱因斯坦才痛感到，自己在慕尼黑接受的教育是残缺不全的。

“这怪谁呢？只怪我自己……”

爱因斯坦提着皮箱，垂头丧气地打算离开苏黎世。

正在这时，联邦工业大学有两位善于识别真才的人，向他伸出了援助之手。他们是著名的物理学家韦伯教授和大学校长赫尔岑。

爱因斯坦刚走出校门，被一个年轻人叫住了。那个年轻人通知爱因斯坦：韦伯教授让转告他，如果他愿意留在苏黎世，可以破格去旁听韦伯教授的物理课。爱因斯坦心头涌上一层暖意。

“请代我谢谢韦伯教授！”他说。

“还有，校长请你去一下。”

爱因斯坦随着那个年轻人来到校长办公室。校长已在那里等他，眼睛里含着慈爱的目光。

“爱因斯坦同学,我看过你的考卷。你的数学成绩不错,教授们也说这样的天分埋没了,很可惜……”

“我从小就喜欢数学……”爱因斯坦望着校长,眼前升起一线希望。

“可是,你的语言学和动植物学基础较差。这几门功课,光靠自学不易掌握。我给你介绍一所州立中学,你去那里再读一年怎么样?”

“去州立中学?在什么地方呀?”一听到中学,爱因斯坦就泄气了,他想到了路提波德中学那座兵营。

“在阿劳镇,是一流的学校。如果你同意去的话,一年以后我准许你免试进联邦工业大学。”校长勉励道。

爱因斯坦接受了校长的建议。再去咀嚼一年“发霉的稻草”,可换取免试进苏黎世工业大学,也值。

阿劳镇距苏黎世很近,只有30英里。爱因斯坦进入了阿劳镇州立中学,才发现这所学校和他想象的大不一样。这是一所自由的校园,环境优美,设备齐全,更重要的是校风非常民主。老师们和蔼可亲,从不以权威自居。他们反对强制性教育,主张学生自己负责,鼓励学生们让智力自由发展,老师的责任就是启发和诱导。

来到阿劳州立中学,爱因斯坦才体会到学校生活的乐趣。阿劳中学成了他人生的中转站。

爱因斯坦寄居在温德勒教授家里,开始了愉快的学习生活。学校里有各种各样的实验室,还有藏书丰富的图书馆。温德勒在阿劳中学教希腊文和拉丁文,一家人对爱因斯坦很照顾,使这个从米兰来的少年学子感到家庭的温暖。

爱因斯坦的学业进步很快。除了必修的语言学和动植物学外,他喜爱的物理学和数学也有了很大长进。那个一直萦绕在他脑海里的问题,这时更强烈了。他常常独自一人在山谷散步,在湖边徘徊,心中默想着那个只有他一个人知道的谜:假如一个人以光速跟着光波跑,他将看见什么呢?

这是一个神奇的谜。谜底是什么，爱因斯坦不知道。当时世界上的物理学家们也不知道。爱因斯坦正朝着一个伟大的目标前进……

一年以后，爱因斯坦修完了全部课程，拿到了中学毕业文凭。他的毕业证书至今还保存着，代数和几何成绩最好，是 6 分，物理 5 分，化学和自然史也是 5 分，地理、工程制图 4 分，最差的法语 3 分。同年，爱因斯坦免试进入苏黎世联邦工业大学。

这一年的春天，爱因斯坦得到父亲的同意，放弃了德国国籍。他放弃德国国籍的根本原因，可能与他厌恶和痛恨德国军国主义教育制度有关。他很爱瑞士，希望成为瑞士公民。但瑞士国籍要到 21 岁才能申请，爱因斯坦只有 17 岁，他成了一名没有国籍的大学生。

“布里丹的驴子”

bulidandelüzi

爱因斯坦进了联邦工业大学师范系，主修数学和物理学。这两门学科是他从小就热爱的。按照父亲的意愿，是希望爱因斯坦学工程的，但他最终还是尊重了儿子的选择。

这位 17 岁的新大学生，个头敦实，脸色红润，目光里充满着自信。但他仍然与以前一样，不修边幅，鞋帮上沾着泥浆，一身衣服肥大得像只面口袋。

“爱因斯坦同学，欢迎你成为我的学生。”韦伯教授捻着胡须，笑眯眯地打量着他。

“谢谢韦伯先生！”爱因斯坦点头行礼，心中很兴奋。韦伯是联邦工业大学物理系的创办人，学问深厚。能成为他的学生，不能不说是一种幸运。

“这位是明可夫斯基教授，他将教你们数学课。”韦伯教授指着旁边一位气度不凡的青年教师向爱因斯坦介绍。

“哦,您就是明可夫斯基教授?”爱因斯坦惊奇地睁大了眼睛。明可夫斯基是一位有独创精神的数学教授,名气很大,爱因斯坦早闻其名,但没想到他竟然这么年轻。

“是的,”明可夫斯基微微一笑问道,“喜欢数学吗?”

“喜欢。”爱因斯坦回答。

“只有傻瓜和懒汉才不喜欢数学。”明可夫斯基朗声说道,逗得大家都笑了。

数学家明可夫斯基

紧张的大学生活开始了。就像许多一年级新生一样,爱因斯坦为好奇心所驱使,选修的课程五花八门,什么都有,但又什么都不精。这种情景用他自己的话说,就像是一头“布里丹的驴子”,当时不能决定究竟该吃哪一捆干草。所谓“布里丹的驴子”,是人们讽刺14世纪法国哲学家布里丹的比喻,意指一头驴子站在两堆同样大小的干草之间,犹豫不决,不知该先吃那堆干草,最后只好饿死。

不过没有多久,这头不安分的“驴子”就选定了自己爱吃的“草料”。他一头扎进了韦伯教授的物理实验室,整天迷恋于探寻物理学的奥秘。联邦工业大学每学期只有两次考试,其余时间学生可以自由支配。爱因斯坦充分享用了这种自由。他“刷掉了”很多课程,专心致力于物理学学习,连高等数学也放松了。渐渐地,明可夫斯基教授发现,爱因斯坦的座位常常空着。

“爱因斯坦这个学生,最近一直没有来听课。”他惋惜地对同事说。

“是啊,这个学生成绩一直很好,数学上很有些天赋。这是怎么搞的……”

“我想,他不至于是个懒汉吧……”明可夫斯基教授说。

爱因斯坦的确不是懒汉,他学习很勤奋。他唯一的感觉是时间不够用。除了听课和在实验室里潜心研究外，其余时间，他躲在自己的小房间里，大量阅读麦克斯韦、基尔霍夫、亥姆霍兹、赫兹这些理论大师的著作。其中使他最着迷的，是麦克斯韦的电磁理论。英国物理学家麦克斯韦是电磁波的预见者，自牛顿以来最伟大的物理学家。他创立的电磁理论是一个宏大的体系，像艺术品一样精致、完美，包罗万象。爱因斯坦越走进这座理论王国，越感觉到他正在学的物理学基础里，存在着许多让人困惑的疑点。

“我一定要解决它们！”他暗想。

为此，他连心爱的数学都放弃了。

“喂，爱因斯坦，下午有明可夫斯基主持的讲座，你一定得参加呀！”他要好的朋友、同班同学格罗斯曼劝他。

“算了，你去吧。我没有时间。”

“你在中学时，不是被公认为数学尖子吗？怎么现在对数学没有兴趣了？”

“纯粹数学的分支太多，太细，每一个分支都可能消耗人的短暂一生……”

大学时期的爱因斯坦

“可是，不懂数学的物理学家永远是跛脚的呀！”

“也许是这样，不过，作为工具的数学基础，我自信是够用了。”

“真拿你没有办法，怪人！”格罗斯曼无奈地耸耸肩，独自听课去了。

“格罗斯曼，等一下。”爱因斯坦叫住了他。

“什么事？”

“能把你记的地质学笔记借

给我看看吗？马上要考试了。”爱因斯坦狡黠地眨眨眼。

“乖乖！你连海姆教授那样有名的课都没去听呀？”

“他的确讲得好，但我没有时间呀！你的笔记记得那么出色，我用不着去听课，考试也可以对付了。”

每一次考试，格罗斯曼的笔记都成了爱因斯坦的救命锚。爱因斯坦不惜牺牲了其他课程，而倾注全力钻研物理学。他知道自己不是一个循规蹈矩的好学生，所以自嘲为“离经叛道的怪人”。

也许正是这种离经叛道的精神，才使他日后摇动了经典物理学大厦的基础，彻底改造了经典物理学的体系。

锻剑

duanjian

爱因斯坦的目光从一本厚厚的经典著作上抬起，痴痴地凝视着窗外。

“啊，牛顿的力学殿堂多么宏伟呀！”

的确，牛顿力学是物理学最辉煌的成就。这位巨人总结的三大运动定律和万有引力定律，精确而圆满地概括出宇宙万物的运动，从未出现过差错。200年来，牛顿力学一直处于不可动摇的地位，并成为科学研究的准则。按照牛顿的理论，时间和空间是绝对的，它们彼此间没有联系，和物质运动也没有关系，只有“力”才是改变物体运动的原因。这些柱石构成了一座宏伟的经典物理学大厦。200年来，它一直为人们所敬仰，被认为是完美无缺的。

但是，现在遇到了问题，这就是电磁波。

英国杰出的物理学家麦克斯韦于1865年创立的电磁理论，预见了电磁波的存在。他的推测是这样的：如果能使带电物体震动，那么，电荷周围的电磁场就能像波一样传播开去。水波靠水传递，声波靠空气传播。那么电磁波呢？麦

麦克斯韦

克斯韦猜测，传播电磁波的，是一种叫“以太”的媒介，它像牛顿所设想的那样弥漫在整个空间，能渗入物体内部，并能将运动从一部分传递到另一部分。1888年，在麦克斯韦去世后九年，31岁的德国科学家赫兹做了一个轰动一时的实验，证实了电磁波的存在。电磁理论获得了巨大成功。但是，“以太”这种神秘的东西，却一直没有被发现。它究竟存不存在，成了一个难解之谜。物理学家们陷入了巨大的困惑中。

按照经典力学理论，如果“以太”存在，它将是一种十分离奇的物质。一方面它无所不在，物体可以在其中运动而不受阻碍；另一方面它又必须具有无限刚性，否则电磁波就无法在“以太”中作横向传播。实际上，除非是幽灵，这无影无踪的神奇之物，是不可能存在的。

爱因斯坦的怀疑加深了。

“老兄，你认为‘以太’这东西究竟有没有？”有一天，在咖啡馆聊天时，爱因斯坦问格罗斯曼。

“说不准，这个问题，物理学界至今没有定论。”格罗斯曼沉思道。

“我怀疑‘以太’根本就不存在。”

爱因斯坦用勺子搅着咖啡说。

“假如‘以太’真的不存在，那问题就严重了。”和他同桌的另一位朋友贝索提醒道，“因为根据牛顿力学，‘以太’是绝对静止的，地球相对于‘以太’作绝对运动，如果‘以太’没有，那‘绝对运动’就不存在了。”

爱因斯坦扬起脸来，两眼闪着亮光说：“是的，不只‘绝对运动’，连绝对空间、绝对时间这一切都要被否定了。”

“这样一来，牛顿物理学的大厦不就要倒了吗？”格罗斯曼惊讶地说。

爱因斯坦端起咖啡杯一饮而尽，说道：“我认为，‘以太’已经无可救药。物理学正面临着一场大革命。牛顿的经典物理学已经衰老，现在应该产生新的物理学了。”

“新的物理学？那将是什么样呢？”格罗斯曼凑近脑袋，兴奋地问他。

“我也不知道。我只知道现在需要有新的理论诞生……”爱因斯坦思索道。

“伙计们，把牛顿的绝对时空从他的神山上拉下来吧！”贝索举起手中的杯子欢呼道。

爱因斯坦与好友的合影（左一为格罗斯曼）

就这样，20 岁的爱因斯坦向 200 岁的牛顿经典力学提出了挑战。

法国女作家乔治·桑说过：在抽刀向敌之前，要练好自己的剑术。爱因斯坦在整个大学学习期间，都在致力于锤炼手中的剑。自由的瑞士联邦工业大学，为他未来的事业奠定了厚实的基础。他除了深入细致地攻读麦克斯韦、赫兹、基尔霍夫、亥姆霍兹的著作外，还认真研究了洛仑兹、马赫的著作。这些人物，都是处在现代物理学前沿的科学家。尤其是马赫的著作，首先是《力学》一书，对他产生了深刻的影响。这本书是贝索推荐给他读的。马赫是第一个对牛顿力学公开提出批判的学者，他那坚不可摧的怀疑态度和独立精神，大大鼓舞了青年爱因斯坦的斗志。

爱因斯坦四年的大学生活，是很清苦的。由于父亲的生意屡遭失败，爱因斯坦只能靠几个舅舅接济生活。每月 100 法郎的生活费，他还要省下 20 法郎，积蓄起来作为申请瑞士国籍的手续费。为了弥补生活费用，爱因斯坦常替低年级学生补课。不过，那时学生富裕的很少，他得到的补贴并不多。

他租了一间小房子居住，房间里只有一扇小窗户。一杯牛奶加一片面包，就挨过一天，这是常有的事。小屋里到处堆满了书。爱因斯坦埋在书堆里，如饥似渴地吸取着知识的养料。他的肚子常常是空的，头脑却越来越充实。而且，四年的大学生活，还使他找到了未来的妻子——他的同班同学、一位匈牙利姑娘米列娃。

1900 年 8 月，毕业的日子到了。爱因斯坦在联邦工业大学以优异的成绩通过了国家考试。这位旧世界的叛逆者，就要崭露头角了。在他的前面，已经升起新世纪的曙光。

KEXUE JUREN DE GUSHI

新星升起

流浪汉

liulanghan

通往真理的路是崎岖不平的。爱因斯坦大学毕业后，首先面临的是寻找工作。他本人希望能留在联邦工业大学做助教，这是继续深造的一条最理想的途径。遗憾的是，他的这一愿望没有实现。他的朋友贝索、格罗斯曼，还有亚德勒，以及几个成绩不及他的同学都留下了，唯独没有他。

“这究竟是怎么回事呢？”失望之际，他去向留校的格罗斯曼讨教。

“你总爱走自己的路，做自己的梦。一般的教授都不喜欢要独立意识太强的人做助手。”格罗斯曼说。

“原来我是个‘不合时宜’的人！”

“别泄气，阿尔伯特，你去找找韦伯教授，也许他能帮助你。”格罗斯曼给他出主意。

爱因斯坦见到韦伯教授，说出了自己的处境。

“你愿意做中学教员吗？”韦伯教授问他。

“我很愿意。”

“那好，我给你写几封中学的荐职信。”

爱因斯坦拿着这些荐职信，满怀希望地前往几所中学去联系。能够做一名中学物理老师，他也满意了。他必须先找到一个栖身之处。自己已经大学毕业，不可能再靠舅父接济过日子。意想不到的是，他四处奔波，却都碰了壁，没有一所中学决定录用他。向来很温暖的苏黎世城，忽然变得冷淡起来。这是为什么啊？

爱因斯坦拖着疲惫的双腿，在苏黎世街头踯躅。蒙蒙细雨淋在脸上，他也没有感觉。

“你取得瑞士国籍没有？要就公职，这是起码条件。”中学校长问他。

“我有瑞士国籍，毕业前取得的。”爱因斯坦在学校时勒紧裤腰带，省下1000法郎，取得了瑞士国籍。

“你在哪里出生的？乌尔姆镇。嗯，从前是德国人？”校长又问。

“不，我是犹太人。”

“哦？犹太人！”校长的表情顿时变得暧昧起来。求职的事也就此告吹。

雨愈下愈大。爱因斯坦浑身湿透，像一只丧家之犬在街头徘徊。他渐渐明白，阻碍他就业的一个原因，是他与生俱来的犹太人血统。

“难道这就是宿命吗？”他问自己。

“不！我要扼住命运的咽喉，绝不能让它征服我……”他想起了贝多芬的名言，脚底下又增添了力量。

六个月过去了。为了寻找工作，爱因斯坦饿着肚子，在苏黎世的大街上徘徊，最终仍然一无所获。他度过了青年时代最寒冷的一个冬季。

春天悄悄来了，树枝上吐出了点点新绿。

爱因斯坦怀着希望，给莱比锡著名物理化学家奥斯特瓦尔德寄去一封言辞恳切的求职信。他在信中诉说了自己的窘境，并附上自己刚发表的一篇科技文章，请求奥斯特瓦尔德考虑，能否接受他做一名助手。真是千里马常有，伯乐不常有。信寄出去后，如石沉大海。爱因斯坦的期待又一次落空。贫病交加的海尔曼先生不忍心看到儿子遭受打击，瞒着爱因斯坦给奥斯特瓦尔德写了封信，请求这位显赫的学者向一个热爱科学的青年伸出援手。信写得凄楚动人，饱含着一颗慈父之心。最终他们收到那位物理化学家的回信没有，已不得而知。但有一个事实是肯定的：爱因斯坦的处境并没有改变。

山穷水尽的爱因斯坦，一天在报纸上读到一条广告：苏黎世附近的温特都尔技校，需要招聘一位代课老师。他立即赶去温特都尔。也是天无绝人之路，这

次爱因斯坦被录用了。有这样一次临时的就业机会,对他来说也是幸运的了。爱因斯坦第一次走上讲台,心里充满了兴奋和激动,结果,讲课获得成功。他以和蔼的态度和渊博的学识,得到学生们的欢迎。可是好景不长,几个月后,正式老师到任,爱因斯坦又一次失业了。

随后,爱因斯坦在沙夫豪森镇找到一份家庭教师的工作,负责辅导两个少年。沙夫豪森镇位于莱茵河畔,靠近德国边境,镇上有著名的瀑布。

爱因斯坦在这里过得很愉快。他有当老师的天性,两个学生也很听他的话。不料,这种融洽的关系遭到其他老师的嫉妒,他们故意从中作梗,制造了许多麻烦。爱因斯坦气愤地找到主管人,提出两个学生的辅导由他全权负责,别的老师不能干涉。结果可想而知,他被辞退了。

逆境是一所最好的大学。爱因斯坦再度回到苏黎世,不得不继续寻找工作。这段时间是他一生中的最低点。他穿着破旧的外套,在冷风中匆匆奔走,受尽了权贵的白眼和学术界的冷落。他变得成熟起来。

正当爱因斯坦处在最困难的时候,有一天格罗斯曼来看他。

"阿尔伯特,你找到工作没有?"这位大学时代的老朋友问。

"没有。总是到处碰壁。"爱因斯坦苦笑道。

"如果伯尔尼有份工作,你愿不愿意去?"

"伯尔尼?我当然愿意。"爱因斯坦毫不犹豫地说。

"不过,工作不一定理想。"

"我不在乎。要知道,再没有固定职业,我只好沿街去拉小提琴了。"

"那好,这事就包在我身上了!"

格罗斯曼的父亲同伯尔尼专利局局长哈勒是朋友,老人家知道爱因斯坦的情况后深感同情,给哈勒写了一封介绍信。

于是,爱因斯坦拿着介绍信,登上了开往瑞士首都伯尔尼的火车。

专利局的黑马

zhuanlijudeheima

列车西行，风驰电掣。爱因斯坦望着窗外掠过的田野，心中感慨万千。他爱瑞士，瑞士似乎并不爱他。大学毕业两年了，还没有一份固定的工作。刚步入社会，他就尝到了人生的苦涩和生活的艰辛。此行去伯尔尼，他怀着一线希望。但结果会如何，他并无多少把握。

伯尔尼专利局大楼

“喔，你就是爱因斯坦？”哈勒局长看过老格罗斯曼的介绍信，抬起头用锐利的目光打量着他。

“是的，格罗斯曼先生的儿子是我同班同学。”爱因斯坦恭敬地说。

“你在联邦工业大学学的是工科还是理科？”局长问。

“我专攻物理。”

爱因斯坦未领会哈勒局长问话的含义。其实，专利局最欢迎工科人才，因为专利局的主要工作是审查技术发明专利，需要工程技术方面的专业知识。哈勒局长听他回答后，脸上稍露出失望的表情，不过他马上表示说：“不要紧。有了理科的知识，工程方面的内容很快会学会的。但有一个问题很重要……”

爱因斯坦听到这里，心头一惊，唯恐会出什么节外生枝的事来。

“你有瑞士国籍吗？因为这里是瑞士的政府机关。”局长问道。

“是的，我有瑞士国籍。”爱因斯坦暗自庆幸，他已经获得瑞士公民权。

“好吧,你被录用了。”局长说。

就这样,在大学毕业两年后,爱因斯坦在伯尔尼专利局得到一份固定的工作,他再也不需要像流浪汉一样,在苏黎世的大街上徘徊了。

不久,爱因斯坦搬到伯尔尼,开始就任专利局的职务。时间是1902年初夏。

爱因斯坦的正式职务是三级技审员,年薪3600法郎。薪水虽然不算高,但已比一般中学教员优厚多了。他的主要工作是检查专利申请,并写出专利证明。对他来说,这是很轻松的事,一天的工作,往往两三个钟头就完成了。余下的时间,他就潜心于自己的物理学研究。

当然,他的研究是偷偷进行的。因为局长规定,上班时间不准干私活。爱因斯坦一听到哈勒局长的脚步声,便匆匆把演算草稿和公式收进抽屉,装作一本正经办公的样子。专利局里的人谁也不知道,一位旷世的天才正在他们身旁铸造着科学之剑。他是一匹无人知晓的黑马。当他三年后奋蹄一跃时,全世界才惊异地发现:这是一匹何等伟大的神驹啊!

爱因斯坦很乐意在专利局做一名小公务员,正是因为他胸中怀着伟大的科学目标,他把科学当做毕生事业。

“如果想成为真正的学者,就去当鞋匠吧。”他常对朋友这样说。

在伯尔尼专利局工作的爱因斯坦

在他看来,科学是神圣的天职,不应该作为谋生的手段。他认为,要真正地搞科学研究,可以一面去做鞋匠,以获得生活保障;另一方面得到自由的时间,从事研究。所以,他对在专利局里的工作颇为满意。

这年10月,爱因斯坦父亲不幸病故。在经历了多年生意场的拼搏和失败后，父亲终于承受不了重荷，死于心脏病。享年仅55岁。海尔曼·爱因斯坦不是一个成功的商人，却是一个好父亲。他的乐天、好学和宽厚，从小给了爱因斯坦以无穷的鼓励。

爱因斯坦和米列娃

父亲在弥留之际，成全儿子的最后一件事，就是同意爱因斯坦与女友的婚事。三个月以后，爱因斯坦同大学同学米列娃结了婚，在伯尔尼建立起小家庭。据说爱因斯坦的家里起初并不赞成这桩婚姻，具体原因不明，只知道爱因斯坦的母亲不喜欢米列娃。爱因斯坦最终按自己的意愿举行了婚礼。结婚时，男女双方的家里都没有来人参加，证婚人是爱因斯坦的两位朋友索洛文和哈比希特。

一年以后，他们生了一个儿子。爱因斯坦给他取名为汉斯·阿尔伯特。

伯尔尼的市民，常常看见青年爱因斯坦推着一辆婴儿车在街上散步。他留着蓬松的头发，与其说是学者，不如说更像一个艺术家。这位年轻父亲的脸上，总带着若有所思的神情。他偶尔停下步子，从口袋里掏出一张纸片，在上面写下几行什么。

一个伟大的理论，正在爱因斯坦的头脑中孕育着。

攀登高峰

pandenggaofeng

在专利局工作的岁月里，爱因斯坦在同时代科学家无法想象的条件下埋头研究，既没有导师指导，又接触不到所需要的专业书刊。在这场伟大的科学研究中，他不得不孤军奋战。

但是他也有朋友。他们常常给予他鼓励和支持。

他最要好的朋友，是贝索。这位性情温和的意大利青年，是爱因斯坦在联邦工业大学时的同学，毕业后留校任教。后来经爱因斯坦介绍，也来到专利局工作。贝索博览群书，知识面广，思想敏锐，常给爱因斯坦提供最新的研究资料。

另外，他还有两个朋友，一个是从罗马尼亚来伯尔尼学哲学的索洛文；另一个是在沙夫豪森认识的青年数学家哈比希特，随后来到伯尔尼专修大学课程的。哈比希特的弟弟后来也加入了他们的行列。

这群才华横溢、思想解放的青年聚集在一起，无拘无束地讨论哲学、科学和人生问题。伯尔尼有座“奥林匹亚”小咖啡馆，成了他们经常聚会的地方。他们把自己的团体戏称为“奥林匹亚科学院”。奥林匹亚是希腊古代竞技之地，世界奥林匹克运动会就是由此得名的。他们在餐桌上，一边喝着咖啡，一边讨论着物理学面临的危机和革命，其意义也够得上是世界性的。

“开尔文勋爵在世纪之交的祝词中，曾提到在晴朗的物理学天空中，挂着两朵乌云……”索洛文说。

“不错，一朵是黑体辐射，另一朵就是以太漂流实验。”贝索的口气带着权威性。

“那老头好像预感到了物理学面临的危机……”

“大名鼎鼎的开尔文嘛，一生中有过70多种发明。不过也是他，曾经第一个走到电磁理论的门口又徘徊而去，错过了良机。”

“怪不得他要提醒全世界，留心那两朵奇怪的云……”哈比希特叹道。

“谁能摘下那两朵乌云，谁就会成为20世纪的牛顿。”贝索意味深长地说。

“普朗克、马赫、彭加勒、洛仑兹……”他们说出了一长串名字，然后又争执不下谁可能是最佳人选。

“奥林匹亚科学院”成员：哈比希特、索洛文、爱因斯坦

“都不行。”贝索逐一评论道，“马赫只是一个哲学家；普朗克声望太高，不会轻易同经典理论唱反调；洛仑兹嘛倒是一个人物，前年刚得诺贝尔物理学奖，不过他是喝着牛顿的奶长大的，很难同祖宗决裂；那个彭加勒……”

“照你这么讲，就没有人啦！”

“有一个人可以担当这个重任。”贝索狡黠地一笑。

“谁呀？”哈比希特的弟弟睁大了眼睛。

“他就是咱们‘奥林匹亚科学院’的院长——阿尔伯特·爱因斯坦。”贝索做了个介绍的姿势，引得这些“院士”们大笑起来。

爱因斯坦只是平静地一笑说：“你别拍我的马屁了。”

餐桌上又是一阵快乐的吆喝。

“好啦，下面咱们换个节目：讨论莎士比亚的《堂吉诃德》！”贝索大声宣布。

“什么‘莎士比亚’？是塞万提斯！”索洛文笑得差点把杯子打翻。

“嘿嘿，我说走火了！是那位西班牙的塞万提斯的《堂吉诃德》。”

“爱因斯坦，你可不要学那瘦长的堂吉诃德，去向风车挑战哟！”一个同伴谑笑道。

“那风车已经千疮百孔，只要一推就会倒塌。”贝索说。

“它不是一座风车，它是一座大山。”爱因斯坦说着沉思起来。

是的，他是在攀登一座横跨历史的巍峨大山。道路是崎岖不平的，到处□

岩嵯峨，荆棘丛生。少年时代，他曾经站在这座山下，望着高不可及的峰顶景仰不已。从走进大学校园的第一天起，他就开始攀登了。正如海涅的一首诗里所写的："我要登上那座山峰，那险峻的山岩高处，在晨光之中，矗立着古代的宫台丘墟……"

如今，将近十年的工夫，他克服了重重困难，已经越过山腰，登上山脊。那迷人的顶峰，就在云雾之外，抬头可望。

然而这最后一段距离，也是最艰难的路途。多少人登到这一高度就望而却步了，唯独爱因斯坦在继续向上攀缘。

辉煌的 1905 年

huihuangde1905nian

1905 年的春天来得格外早。不到 5 月，伯尔尼的紫罗兰就开了。但从这时起，爱因斯坦不常和朋友们聚会了。

贝索知道，他正在作最后冲刺，每迈出一步都要付出极大的努力。一位传记作家说过，有些科学家能够翻过科学上崇山峻岭的一般障碍，可是一到达山巅，就不能想象云雾以外的情景了。很多人功亏一篑就是这个道理。

一个晴朗的早晨，在专利局走廊上，爱因斯坦悄悄塞给贝索一张纸条。贝索回到办公室，小心地拆开纸条，见上面写着："成功在即，晚上来寒舍一晤。"

"这家伙，终于要登上顶峰啦！"贝索从心里为朋友感到高兴。

爱因斯坦住在克拉姆胡同一套便宜的公寓里，屋里陈设很简单。桌子上堆满书籍和凌乱的演算纸，墙上挂着几幅人物蚀刻画——其中有法拉第、麦克斯韦，还有牛顿，都是爱因斯坦崇敬的大师。

晚上，贝索兴冲冲地赶到他的"寒舍"，发现爱因斯坦正垂头丧气地坐在长椅上，桌子上摊着一堆废稿纸。

“唉,没想到结果全错了！我刚检查出来……”

“问题出在哪里？”贝索关切地问。

“计算方法不对,我现在才感到自己的数学本领不够用。”

“那你打算怎么办呢？”

“只好推倒重来。我决不功亏一篑……”爱因斯坦说着目光投向墙上的蚀刻画。

贝索也把目光投向墙壁。那镜框里,披着长发的牛顿正微笑着俯视他俩,一双眯缝的眼睛闪着巨人的慧黠。

追随前人是容易的,要超越就难了,更何况要超越的是一位跨越几个世纪的巨匠。

爱因斯坦把运算过程推倒重来,经过一番艰难的推导,几个星期以后,得出新的结论。再一验算,他又错了。

他坠入了五里雾中。眼看山巅就在前方,一眨眼就成了泡影。失望,焦虑,痛苦,他都经历了,但他从不灰心。他的脑子里常常会闪进一道曙光,直觉告诉他,自己已经走到真理的门口,只要再迈进一步,就成功了。

一个又一个不眠之夜过去了。爱因斯坦桌上的演算稿,从一叠积成一摞,再积成一座小山;又从一座小山减成一摞,再变成整整齐齐的一叠。

这一天早晨,爱因斯坦喜形于色地向贝索透露:“老兄,我终于发现了！”

他的眼里布满血丝,脸上露出疲惫之色,但一双眼睛却闪着胜利的亮光。

“真的吗？那太好了！是什么发现？”

贝索看见爱因斯坦兴奋的表情,就猜到一定是物理学上的重大发现。

爱因斯坦激动地说:“一个新的世界！”

“你真行呀,把牛顿的殿堂推翻了？”

“差不多。”

“怎么推翻的？快告诉我。”

“现在还不成,等我把论文全部写好后再说。”

“阿尔伯特,你真是个天才!”

“你又在拍我的马屁啦,我不过因为比别人笨,想问题想得久一点,理解也就深一点……”

“嘿嘿!你的确是一匹举世无双的黑马……”

一个月后,爱因斯坦写成了《论动体的电动力学》。在这之前,他还完成了另外三篇重要论文。爱因斯坦把四篇论文一起寄到莱比锡去了。

莱比锡的《物理学年鉴》杂志在同一年里接连发表了这四篇论文。四篇论文中,有一篇是爱因斯坦给苏黎世大学的博士论文,题为《分子大小的新测定法》。另外三篇涉及物理学的三个领域,每一篇都是带有革命性的。

一个默默无闻的小人物,同一年内在物理学的三个领域均作出重大发现,真是科学史上的奇迹。学术界不得不刮目相看了。

这一切,发生在1905年。

这一年,爱因斯坦年方26岁。

他的发现,导致了物理学的大革命,具有划时代的意义。

一颗光彩夺目的新星就这样悄然升起!

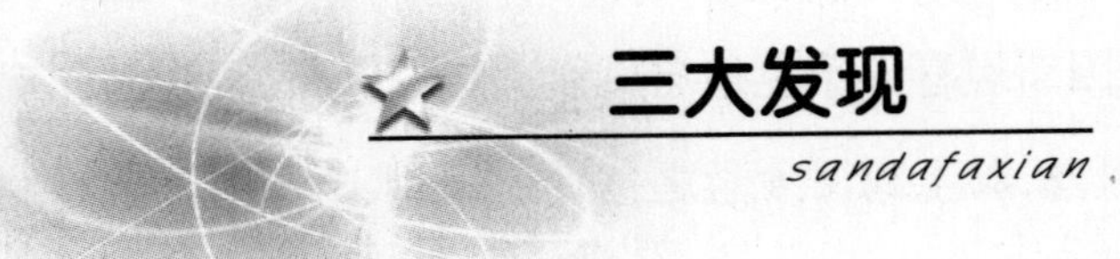

三大发现

sandafaxian

爱因斯坦发表在《物理学年鉴》上的这三篇杰出的论文,按其成就而言,每一篇都可以得诺贝尔物理学奖。因为这三篇论文,在物理学的三个未知领域都获得了突破性的成就。

直到今天,有的科学史家还理解不了一个26岁的业余研究者,为什么竟能在同一时间建立如此辉煌的伟业!是奇迹,是天才,抑或是上帝的宠爱

6. *Über einen die Erzeugung und Verwandlung des Lichtes betreffenden heuristischen Gesichtspunkt;*
von A. Einstein.

Zwischen den theoretischen Vorstellungen, welche sich die Physiker über die Gase und andere ponderable Körper gebildet haben, und der Maxwellschen Theorie der elektromagnetischen Prozesse im sogenannten leeren Raume besteht ein tiefgreifender formaler Unterschied. Während wir uns nämlich den Zustand eines Körpers durch die Lagen und Geschwindigkeiten einer zwar sehr großen, jedoch endlichen Anzahl von Atomen und Elektronen für vollkommen bestimmt ansehen, bedienen wir uns zur Bestimmung des elektromagnetischen Zustandes eines Raumes kontinuierlicher räumlicher Funktionen, so daß also eine endliche Anzahl von Größen nicht als genügend anzusehen ist zur vollständigen Festlegung des elektromagnetischen Zustandes eines Raumes. Nach der Maxwellschen Theorie ist bei allen rein elektromagnetischen Erscheinungen, also auch beim Licht, die Energie als kontinuierliche Raumfunktion aufzufassen, während die Energie eines ponderabeln Körpers nach der gegenwärtigen Auffassung der Physiker als eine über die Atome und Elektronen erstreckte Summe darzustellen ist. Die Energie eines ponderabeln Körpers kann nicht in beliebig viele, beliebig kleine Teile zerfallen, während sich die Energie eines von einer punktförmigen Lichtquelle ausgesandten Lichtstrahles nach der Maxwellschen Theorie (oder allgemeiner nach jeder Undulationstheorie) des Lichtes auf ein stets wachsendes Volumen sich kontinuierlich verteilt.

Die mit kontinuierlichen Raumfunktionen operierende Undulationstheorie des Lichtes hat sich zur Darstellung der rein optischen Phänomene vortrefflich bewährt und wird wohl nie durch eine andere Theorie ersetzt werden. Es ist jedoch im Auge zu behalten, daß sich die optischen Beobachtungen auf zeitliche Mittelwerte, nicht aber auf Momentanwerte beziehen, und es ist trotz der vollständigen Bestätigung der Theorie der Beugung, Reflexion, Brechung, Dispersion etc. durch das

5. *Über die von der molekularkinetischen Theorie der Wärme geforderte Bewegung von in ruhenden Flüssigkeiten suspendierten Teilchen;*
von A. Einstein.

In dieser Arbeit soll gezeigt werden, daß nach der molekularkinetischen Theorie der Wärme in Flüssigkeiten suspendierte Körper von mikroskopisch sichtbarer Größe infolge der Molekularbewegung der Wärme Bewegungen von solcher Größe ausführen müssen, daß diese Bewegungen leicht mit dem Mikroskop nachgewiesen werden können. Es ist möglich, daß die hier zu behandelnden Bewegungen mit der sogenannten „Brownschen Molekularbewegung" identisch sind; die mir erreichbaren Angaben über letztere sind jedoch so ungenau, daß ich mir hierüber kein Urteil bilden konnte.

Wenn sich die hier zu behandelnde Bewegung samt den für sie zu erwartenden Gesetzmäßigkeiten wirklich beobachten läßt, so ist die klassische Thermodynamik schon für mikroskopisch unterscheidbare Räume nicht mehr als genau gültig anzusehen und es ist dann eine exakte Bestimmung der wahren Atomgröße möglich. Erwiese sich umgekehrt die Voraussage dieser Bewegung als unzutreffend, so wäre damit ein schwerwiegendes Argument gegen die molekularkinetische Auffassung der Wärme gegeben.

§ 1. Über den suspendierten Teilchen zuzuschreibenden osmotischen Druck.

Im Teilvolumen V^* einer Flüssigkeit vom Gesamtvolumen V seien z-Gramm-Moleküle eines Nichtelektrolyten gelöst. Ist das Volumen V^* durch eine für das Lösungsmittel, nicht aber für die gelöste Substanz durchlässige Wand vom reinen Lösungs-

3. *Zur Elektrodynamik bewegter Körper;*
von A. Einstein.

Daß die Elektrodynamik Maxwells — wie dieselbe gegenwärtig aufgefaßt zu werden pflegt — in ihrer Anwendung auf bewegte Körper zu Asymmetrien führt, welche den Phänomenen nicht anzuhaften scheinen, ist bekannt. Man denke z. B. an die elektrodynamische Wechselwirkung zwischen einem Magneten und einem Leiter. Das beobachtbare Phänomen hängt hier nur ab von der Relativbewegung von Leiter und Magnet, während nach der üblichen Auffassung die beiden Fälle, daß der eine oder der andere dieser Körper der bewegte sei, streng voneinander zu trennen sind. Bewegt sich nämlich der Magnet und ruht der Leiter, so entsteht in der Umgebung des Magneten ein elektrisches Feld von gewissem Energiewerte, welches an den Orten, wo sich Teile des Leiters befinden, einen Strom erzeugt. Ruht aber der Magnet und bewegt sich der Leiter, so entsteht in der Umgebung des Magneten kein elektrisches Feld, dagegen im Leiter eine elektromotorische Kraft, welcher an sich keine Energie entspricht, die aber — Gleichheit der Relativbewegung bei den beiden ins Auge gefaßten Fällen vorausgesetzt — zu elektrischen Strömen von derselben Größe und demselben Verlaufe Veranlassung gibt, wie im ersten Falle die elektrischen Kräfte.

Beispiele ähnlicher Art, sowie die mißlungenen Versuche, eine Bewegung der Erde relativ zum „Lichtmedium" zu konstatieren, führen zu der Vermutung, daß dem Begriffe der absoluten Ruhe nicht nur in der Mechanik, sondern auch in der Elektrodynamik keine Eigenschaften der Erscheinungen entsprechen, sondern daß vielmehr für alle Koordinatensysteme, für welche die mechanischen Gleichungen gelten, auch die gleichen elektrodynamischen und optischen Gesetze gelten, wie dies für die Größen erster Ordnung bereits erwiesen ist. Wir wollen diese Vermutung (deren Inhalt im folgenden „Prinzip der Relativität" genannt werden wird) zur Voraussetzung erheben und außerdem die mit ihm nur scheinbar unverträgliche

三篇论文。从左至右:《光的产生和转化的一个启发性的观点》、《热的分子运动论所要求的静液体中悬浮粒子的运动》、《论动体的电动力学》。

呢……在科学史上，只有牛顿才能够与之媲美。1665年秋天，英国流行瘟疫,剑桥大学被迫关闭,23岁的牛顿回到农村老家,在伍尔斯索普乡间待了18个月。就在这段时间里,他发现了二项式定律,建立了微积分,发现了光的组成,并开始探索万有引力问题。

牛顿曾把自己比做在真理的海边玩耍的孩子,不时为捡到一块光滑的卵石或一只漂亮的贝壳而喜悦。爱因斯坦站在海边也这样想过。有趣的是,他现在一下就捡到三只贝壳,而且一只比一只更漂亮!

爱因斯坦的第一篇论文,题目为《光的产生和转化的一个启发性的观点》,完成于1905年3月17日,发表在《物理学年鉴》4辑第17卷132-148页。他在论文中大胆地提出了光量子假设,是对普朗克量子论的重大发展。

普朗克是德国柏林大学著名教授,一位治学严谨的物理学家。1900年岁末,为了解释黑体辐射之谜,他提出了著名的量子论假设。根据这个理论,黑体受热时(例如加热变红的铁块)辐射出的能量(例如发光),与光的频率成正比,并且永远是以不连续的形式发出的。

普朗克的量子论是一个崭新的思想,开尔文勋爵预告的两朵乌云中的一朵,即将迎来风暴。

但在量子论发表后五年间,并没有引起物理学家们的注意,也没有人对它进行评价。谁也不相信普朗克的假设,连普朗克自己也有点怀疑。因为这个假设,和当时的全部物理学观念都是冲突的。在这场物理学的大革命中,实际上普朗克第一个举起了大旗,动摇了牛顿经典物理学的基础。但他举得很不情愿,心中充满着疑虑和矛盾。

普朗克在发表量子论时,已经是世界一流学者,他自己不会想到,在瑞士伯尔尼的专利局里,有一个无名的青年正热心地研究自己的理论。

这是两代人的奇妙差别。同样是出于对先哲的热爱和崇敬,表现的方式却迥然不同:

普朗克说:"牛顿啊,我相信您不会错的。"

爱因斯坦说:"牛顿啊,请原谅我!"

记得有位哲学家讲过这样一句箴言:"伟人们之所以看起来伟大,只是因为我们自己在跪着。站起来吧!"

普朗克是半跪着的。他一直没有勇气把能量不连续概念再往前推进一步,而且曾多次想回到经典物理学的老路上去。

爱因斯坦站起来了。他把普朗克的量子假设向前发展了一步,提出了光量子学说。他认为电磁波的能量是以一份一份的光量子传播的,在人类认识自然界的历史上第一次揭示出辐射的波动性和粒子性的对立统一。爱因斯坦用这个理论,圆满地解释了德国科学家赫兹 17 年前发现的光电效应。

1888 年,赫兹在进行电磁波实验时,发现紫外光能促使火花放电。后来的研究者进一步发现,光照射金属时,能从金属中释放出电子来。这就是光电效应。而且实验表明,微弱的紫光能从金属表面释放出电子,很强的红光却不能释放出电子。这个现象用波动说解释不通,用爱因斯坦的光量子理论却很容易解释。因为紫光的频率是红光的两倍,根据普朗克公式,紫光的光量子能量也等于红光的光量子能量的两倍,自然比红光容易释放出电子来。

爱因斯坦的光量子论，10年后为一位美国物理学家用实验所证实。这是后话。光量子的观念，使爱因斯坦成为量子论最伟大的创立者之一。

爱因斯坦的第二篇论文，题目为《热的分子运动论所要求的静液体中悬浮粒子的运动》，是关于布朗运动的研究。论文完成于1905年5月1日，发表在《物理学年鉴》4辑第17卷549–560页。

布朗是一位英国植物学家。1827年夏天，他用显微镜观察在水面的花粉，意外地发现花粉微粒不停地在跳动，而水面却平静如镜。花粉微粒这种紊乱而奇特的运动，使布朗感到很奇怪。起初，他错误地以为花粉里有生命活力，是自身能动。后来，他深入研究下去，发现煤粉、玻璃粉、金属粉等这些无生命物质的微粒，也存在类似现象。布朗这才意识到问题并不简单，但他解释不了究竟是什么原因。之后，他在两篇论文中公布了这一重大发现。后来人们把这种现象叫做“布朗运动”。

30年后，包括麦克斯韦在内的一些物理学家解释了布朗运动产生的原因。他们认为，这种无规则的运动是水分子对悬浮微粒不断撞击的结果。布朗运动的发现，证明了物质是由分子和原子组成的。

但是，唱反调的学者也大有人在，因为他们根本就否定原子和分子的存在。其中最有名的反对者，有马赫和奥斯特瓦尔德，后者就是爱因斯坦曾写信向他求助的那位教授。

这也难怪。当时原子论还只是一种假说，而麦克斯韦等人对布朗运动的解释，也仅限于定性的描述。

爱因斯坦解决布朗运动理论的关键，是采用了定量分析。他用一种统计力学的方法，解释出布朗运动的规律，并且提出了根据对布朗运动的观察可计算出分子大小的公式。令人称奇的是，由于伯尔尼专利局的条件限制，爱因斯坦无法做实验，手头资料也不多，他的结论纯粹是推导出来的。

三年以后，法国物理学家佩林用精细的实验出色地证明了爱因斯坦的公式(这一公式被称做“爱因斯坦的布朗运动定律”),原子论取得了决定性的胜利。在事实面前,马赫折服了。傲慢的奥斯特瓦尔德也在日记里写道:终于“信服原子论”了。那位幸运的佩林,后来因为这一工作获得1926年的诺贝尔物理学奖。

爱因斯坦的第三篇论文,就是名垂青史的《论动体的电动力学》。这篇论文总共30页,完稿时间是1905年6月,发表在《物理学年鉴》4辑第17卷891-921页。这是爱因斯坦一生中最伟大的发现。在这篇9000字的论文中,他建立了相对论,开创了物理学的新纪元。

这一科学发现,更深深地触动了经典物理学的大厦。它提出了一个全新的时空观,最终改变了人类对世界的看法。正如一位物理学家说的:自从古希腊时代以来,任何一种物理学理论,都不曾像触动空间和时间习惯观念的新理论那样鼓舞和激动了思想界。

这篇论文没有引证任何文献,完全是爱因斯坦独创的成果。爱因斯坦在论文结尾怀着友好的感情写道:“感谢著者的好友和同事贝索的热忱帮助。”

那个课堂上幻想以光速飞向宇宙的孩子,那个离经叛道、经常对世界提出疑问的少年,经过10年的孜孜追求,终于登上了近代物理学的高峰!

KEXUE JUREN DE GUSHI

光照全球

相对论

xiangduilun

这个对比是很有意思的:同是科学史上划时代的著作,牛顿的《自然哲学的数学原理》是一部鸿篇巨制,一座经典物理学的宏伟大厦;爱因斯坦的《论动体的电动力学》却只是一篇朴素的短文,甚至连底稿都没有留下来。

而爱因斯坦这几千字的论文,却从根基上动摇了牛顿的辉煌殿堂,第一次提出时间、空间与物质这三者之间的崭新观念。

牛顿力学大厦的基石是绝对时间和绝对空间。牛顿认为:时间和空间是客观存在的、绝对的,彼此没有关联,同物质运动和外界任何事物没有关系。在牛顿的体系里,万物都遵循着“三大运动定律”和“万有引力定律”,有条不紊地、规规矩矩地运动着。

爱因斯坦在论文里指出:宇宙里不存在一成不变的绝对时间,也没有绝

爱因斯坦在伯尔尼专利局的办公桌,桌面上放着《狭义相对论》手稿

对空间。时间流逝的快慢和空间距离的大小,和物质的运动有着密切的关系。在物体以接近光速的高速运动时,时间会变慢,长度会缩短。爱因斯坦提出的这个新时空观,改变了人类对世界的看法,导致了相对论的诞生。

爱因斯坦建立相对论,是从两个基本原理出发的:一是相对性原理,二是光速不变原理。

首先,爱因斯坦抛弃了多年来困扰着物理学家们的"以太说"。在他的论文第二段中,有一句名言:"'光以太'的引入将被证明是多余的,因为按照这里所阐述的见解,并不需要有一个'绝对静止的空间'。"

爱因斯坦告诉我们:一个人坐在一列停止的火车上,当另一列火车从窗外驶过时,到底是哪一列火车在运动,坐在车厢里的人猛然间是难以判断的。这就是说,无论是哪一个观察者,要进行测量,首先得有个参考系——比如他乘坐的车子、地球或星系。宇宙里既然没有绝对静止的"以太",也就没有任何能供观测者确定自己位置和运动的固定标杆。但一切事物和运动都具有相对性,不管怎样进行测量,光速总归是不变的。

爱因斯坦的观念,引出一个十分有趣的结果。

举例来说:假如你戴着一块表,站在河岸上。河里有一艘船以极快的速度顺流而下。在那艘船上,有人相隔一分钟,放出两发信号弹。当船经过你面前时,放出第一发信号弹,您立即按下秒表。而当你看到第二发信号弹时,再按停秒表,表上的时间一定比一分钟还多一点。

这是为什么呢?道理其实很简单:因为船也在动。在放那两发信号弹的时候,假如船停着不动,那么间隔的时间,不论从船上还是岸上看都是同样准确的一分钟,但由于船也在动,在河岸上测得的时间,便比在船上测得的时间要长一些了。换句话说,时间也是相对的。运动速度越快,时钟就越慢。而且,一切物体会沿着它的运动方向,相对缩短。

这就是相对论里著名的"钟慢尺缩"结论。

爱因斯坦当年在课堂上那天才的奇想,终于在相对论里找到了答案。

"如果我以光速这么快飞向宇宙,我会怎么样? "

同班的同学们将会看见:他手上的表变慢了,人变扁了——如果他是朝着飞行方向的话。这不是在讲笑话,而是千真万确的事实。因为这"老实头"相对于地球在作运动,地球上的人确确实实看到他的表变慢了,身体变薄了。这就是相对论里的钟慢尺缩现象。在日常生活中,为什么我们看不见钟慢尺缩现象呢? 这是因为我们接触的都是低速运动,钟慢尺缩现象微乎其微。最快的喷气式飞机的速度(每秒 300 米),与光速(每秒 30 万千米)相比,也是微不足道的。

说来有趣。爱因斯坦的同学们还会看见:正快乐地飞向宇宙的"老实头"成了重量级的"老铁头"。这是为什么呢? 因为根据相对论的另一个重要结论,物体的质量会随着运动速度而改变。速度越快,质量增加也越大。当速度达到光速的 90%时,质量会增加到原来的两倍多。当速度达到光速时,质量将变得无穷大。

爱因斯坦相对论的第三个重要结论,是著名的爱因斯坦方程:$E=mc^2$。

这个公式是爱因斯坦在随后的另一篇论文里发表的。论文同样很简洁,只有 3 页。公式的含义是:一切物质都含有与质量(m)乘以光速(c)平方相等的能量(E)。

这个数字是惊人的。

因为光速是一个很大的数。根据这个公式计算，一千克物体所含有的能量,就相当于 3500 万吨炸药爆炸时所产生的能量! 起初,大多数科学家们都不相信这个结论。直到 40 年后,根据这一理论研制成功的原子弹在日本广岛上空爆炸时,全世界才恍然大悟。

就这样,爱因斯坦将宇宙的面貌完全改观了。相对论的发表,使他从科学界默默无闻的小人物,一跃而成为自牛顿和麦克斯韦之后,世界上最伟大的物理学家。

失之交臂的人

shizhijiaobideren

在这场科学革命的前夜，至少有五个人错过了机会。他们不约而同地走到相对论的门口，但迟疑着，没有进去。

莫 雷

这五个人是迈克尔逊、莫雷、洛仑兹、菲茨杰拉德和彭加勒。

迈克尔逊是美国籍物理学家，1852 年出生于普鲁士斯特雷诺(现属波兰)，父亲是犹太商人。后举家迁到美国，曾就读于美国安拉波利斯海军学院。从 1878 年起，迈克尔逊致力于光的实验研究，成绩卓著，1882 年他曾经测出当时最精确的光速。为了验证以太的存在，1887 年迈克尔逊和他的助手莫雷设计了一个物理学史上最精巧的试验。

迈克尔逊

他们的设想是这样的：如果空间充满以太，那么，朝地球运动的方向投射出去的光，速度必然会减慢，就像逆水而行的船一样。他们设计了一个干涉仪，它能将一束光分成两部分，在同一时间其中一路射向地球运动的方向，另一路射向另一个方向，再由外面的两面镜子分别把这两路光反射回来，到中心后重新汇合。如果宇宙中真的有以太存在，两束光在汇合时必然会产生相位差，形成干涉条纹。

但是试验结果表明:这两束光不存在相位差!这个结果大大出乎科学家们的预料，因为它从反面说明了以太并不存在，这对经典物理学的“以太说”，不

洛仑兹

啻是一个致命的打击。

迈克尔逊对自己的试验结果也甚感意外。他和莫雷改换地点和条件，反复做了多次试验，结果仍然一样。

这就是著名的迈克尔逊以太漂流试验，也称"迈克尔逊—莫雷试验"。它使物理学家们目瞪口呆，惊叹不已。他们意识到经典物理学出现了危机——这就是开尔文勋爵在世纪之交的祝词中提到的"另一朵乌云"。

实际上，迈克尔逊的以太漂流试验宣判了以太的死刑。他只要再往前跨出一步，就可以叩响相对论的门了。可惜他没有，传统观念对他的影响实在是太强大了！

为了挽救以太说，有两位大物理学家不约而同地在寻找解药，他们是荷兰莱顿大学的洛仑兹教授和爱尔兰学者菲茨杰拉德。

洛仑兹和菲茨杰拉德可以说是"英雄所见略同"，两人找到的"药方"完全一样。他们认为，在以太中运动的物体在运动方向上缩短了，运动速度越接近光速，收缩得越多。按照他们的见解，迈克尔逊干涉仪沿着地球运动方向一路的缩短，恰好补偿了光沿两路不同的速度所造成的相位差。这样一来，迈克尔逊以太漂流试验就得到了解释，而以太依然是存在的。

洛仑兹和菲茨杰拉德不愧是两位高级泥水匠，经典力学大厦的裂缝被堵住了。至于运动物体怎么会缩短，他们却解释不了；他们也没有意识到这个假设中包含着一个辉煌的新思想。这个思想后来导致了爱因斯坦的相对论。

当时有一首打油诗讽刺这种解释：

洛氏菲氏两剑客，

精神抖擞来舞剑。
舞的速度真叫快,
按照两君收缩论,
长剑缩得像圆片。

聪明的读者一定发现了,这和爱因斯坦相对论里的“钟慢尺缩”多么相似。

他们无须再向前迈步,已经站在相对论的门口了。遗憾的是,他们的眼睛是长在后脑勺上的,只知道往后看,死抱着往日的旧理论不放,因而错过了发现相对论的机会。

与相对论失之交臂的,还有法国物理学家彭加勒。在爱因斯坦发表相对论的前一年,他就提出过相对论原理。科学史家至今还感到困惑,为什么彭加勒后来竟会调头而去,想必也是因为最终未能跳出经典物理学的框框。

这些先行者们,虽然没有登上顶峰,但他们不愧是相对论的先驱者。爱因斯坦正是站在他们的肩膀上,才摘取了相对论的桂冠。

有意思的是,在最初的日子里,相对论并没有多少人理解。

知 音

zhiyin

第一个认识到相对论价值的人,是普朗克。

普朗克是《物理学年鉴》杂志的编委,该刊发表爱因斯坦关于光量子那篇论文时,阿·爱因斯坦这个名字就引起了他的注意。

同样一个阿·爱因斯坦,出手不凡,竟一连发表了三篇论文!普朗克仔细地阅读了《论动体的电动力学》,这位目光犀利、头顶微秃的学者立即看出相对论具有划时代的意义。普朗克给爱因斯坦去了一封热情洋溢的信,称赞他的伟大发现。爱因斯坦收到这封信后的高兴心情，是可以想见的。普朗克是当时德国最有影响的物理学家、柏林科学院院士，又是量子论的创始人。能有这样一位支持者，爱因斯坦受到莫大的鼓励。

普朗克

爱因斯坦的论文发表不久，普朗克在柏林大学的物理讨论会上，向为数不多的听众介绍了相对论。时间是1905年秋天。这是物理学史上有关相对论的第一个报告。普朗克在台上讲得很兴奋，但台下听众却大眼瞪小眼，能听懂的很少。连普朗克最得意的学生劳厄，也觉得相对论太深奥了。

任何与传统观念大相径庭的新理论，在刚刚诞生时，都不可能立即被人们接受。难怪一位法国科学家好几年后还在说：世界上包括爱因斯坦在内，只有12个人懂相对论。

天上飘起了雪花，1905年的最后几天悄悄逝去。爱因斯坦仍然默默无闻地在专利局里做他的“鞋匠”，知道他的人不多。

1906年3月，在柏林举行的物理学会上，普朗克宣读了根据相对论写成的论文——《相对性原理和基本力学方程》，直到这时，相对论才受到学术界的注目。

真理是没有国界的。巴黎的郎之万教授、德国的维恩教授，都热心地研究起相对论来。另一位名叫威特科夫斯基的教授读了爱因斯坦的论文后，大声赞叹，对他的学生说：“一个新的哥白尼已经诞生了！你要读读爱因斯坦的论文。”

爱因斯坦在苏黎世的数学老师明可夫斯基，这时已经到哥廷根大学任教。他读完相对论的论文后，非常惊讶，不禁叹道：“啊，爱因斯坦，就是那个经常旷课的学生呀！”

明可夫斯基为自己的“懒汉”学生惊叹，更为相对论惊叹。这位杰出的数学

家慧眼独具，一下即看出相对论开创了物理学的新纪元。不过，学生的数学功力还欠一点火候，老师决定亲自出马，助他一臂之力。

明可夫斯基的数学才能是超群的，加上他对相对论思想的理解又很透彻、深刻，第二年他写出一篇出色的论文，给相对论赋予了更简明、更完美的数学形式。在这篇论文中，他还指明了通往广义相对论的道路，对相对论的发展起到重要作用。爱因斯坦能遇到这样一位老师，应该说是他的幸运。

1908 年夏天，在科隆举行德国自然科学家与医生协会第 80 届年会。明可夫斯基在会上作了一次极为生动的演讲，使听众们为之轰动。演讲的题目为"空间与时间"。人们普遍认为，正是这次演讲使相对论名闻天下。

明可夫斯基用炯炯有神的目光环视着会场说："先生们！我打算向诸位介绍的时间和空间的观点，来自实验物理学的土壤，这就是它们的力量所在。这些观念是带有革命性的。从今以后，空间本身和时间本身都已成为阴影，只有两者的结合才保持独立的存在……"

演讲获得极大的成功。明可夫斯基的这段话，成为人们争相传诵的名言。

不幸的是，演讲结束后不到四个月，明可夫斯基就病逝了。他只活了 44 岁。临死时，这位天才数学家不无遗憾地说："在相对论还未取得胜利的时候死掉，真是太可惜了！"

高山流水，知音难觅。更多的人对相对论保持着怀疑和观望的态度。当时流行着这样一首打油诗：

年轻女郎名伯蕾，
神行有术光难追。
爱因斯坦来指点，
今日出游昨夜归。

连伦琴这样睿智的大科学家,要转到新观点上来,都感到困难重重。这位蓄着大胡子的德国物理学家,因发现射线于1901年获得诺贝尔物理学奖,也是世界上第一个获得诺贝尔奖的物理学家。他在给一位朋友的信中谈到相对论时写道:"我仍感莫名其妙的是,为了解释自然现象需要应用这样高度抽象的理论和概念。"

耐人寻味的是,相对论的几位开路人对相对论也持有保留态度,也许他们与经典物理学的渊源和感情太深了,总舍不得抛弃。看来,与传统观念决裂是一个痛苦的过程。

洛仑兹在十年后才接受了相对论。

彭加勒不久后对相对论原理产生动摇,而且在谈及相对论的文章和演讲中,绝口不提爱因斯坦的名字。直到他去世之前,即1911年才承认:"在我认识的人当中,爱因斯坦是最富有独创精神的人之一。"

最"顽固"的要算迈克尔逊了。26年后他见到爱因斯坦,这位老先生对爱因斯坦说,他的实验竟然对诞生相对论这样一个"怪物"起了作用,他真感到有点遗憾。

拼命反对相对论的自然也大有人在。德国物理学家勒纳德至死都维护"以太"说,甚至宣称发现了"亲以太"。他是爱因斯坦发表相对论那年的诺贝尔物理学奖得主,最后却成了旧理论的殉道者。还有一位叫阿普拉汉的物理学家,是普朗克的学生,也竭尽全力要为"绝对的"以太恢复名誉。此人成了经典物理学最后一位看门人。

不管愿意不愿意,也不管承认不承认,新的理论终究要代替旧的理论,这是任何人也阻挡不住的。

从"鞋匠"到教授

congxiejiangdaojiaoshou

爱因斯坦的名字渐渐传开来。

凡是读过他的论文的人，都对论文作者产生了兴趣。

"爱因斯坦究竟是什么样的人呀？"

"他住在哪里？他是哪一所大学的教授呢？"

当他们打听到爱因斯坦并不是大学教授，而不过是瑞士专利局的一名公务员时，不禁惊愕不已。最感到困惑的是瑞士的几所大学。

"这样有成就的新进学者，为什么没有请到大学里来任教呢？"

问这些话的人里面，也许就有人在五年前曾拒绝过这位"新进学者"。

"无论如何，我们应该聘请爱因斯坦到本大学来。"苏黎世联邦工业大学的克莱纳教授这样说。在发表相对论的1905年，爱因斯坦在母校通过了博士论文答辩，答辩老师就是这位教授。

克莱纳教授给爱因斯坦写了一封信，建议他先申请伯尔尼大学的特约讲师，然后去母校任教。

但是，爱因斯坦并不想做教授。他对专利局的工作感到很满足，这里有充足的时间，又有选择研究课题的充分自由。在爱因斯坦的眼中，名誉和地位并不重要，只要生活有保障，能埋头搞研究，他就别无他求了。

"话虽这么说，你总不能永远在专利局呀！为了完成你的相对论，还是应该去做大学教授，进入学术界才好。"

朋友们这么劝他。爱因斯坦觉得有道理，才同意了去伯尔尼大学担任特约讲师。

按照当时大学的规矩，特约讲师可以自己确定讲课内容，但学校不发工资，报酬由听课学生付给。不过，按照惯例，大学教授都是从这些特约讲师当中选拔的。在变成蝴蝶之前，都得当几天蛹。凡是有意未来当教授的青年学者，大都担任过特约讲师，虽然这是一份穷差事，收入并不多。

爱因斯坦当时正热衷于研究，对讲课没有多大的兴趣，再加上他选讲的课又是“辐射的基本理论”，涉及的都是物理学上阴云未散的问题，所以他的讲课效果并不佳。正式注册听讲的学生只有两人。另外还有两个来捧场的，是他的朋友，其中有一位就是贝索。

有一天，教室里突然增加了一个听众，这就是苏黎世联邦工业大学的克莱纳教授。他特意从苏黎世赶来伯尔尼大学，要看看自己推荐的人讲课成绩如何。爱因斯坦这天的课本来准备就不够好，看见老师大驾光临，更是慌了神，结果讲得前言不搭后语，令克莱纳教授很失望。

下课后，两个学生吐吐舌头溜出了教室。爱因斯坦傻笑着同老师打招呼。

“教授，您怎么来了？”

“爱因斯坦先生，没想到你的课讲得这么糟。”克莱纳不客气地说，“你应该准备得更充分些。而且，讲的内容也太深奥了，怪不得学生这么少。本来我是要请你到苏黎世联邦工业大学去的，要知道，那里竞争很厉害……”

“我并不想竞争教授的职位。”爱因斯坦平静地说。

“可是大学需要你这样的人才，好自为之吧，年轻人！”克莱纳拍了拍他的肩膀。

爱因斯坦被教授的话感动了。

当时，苏黎世工业大学有一个编外物理教授的空缺，却有两个有力的候选人。

一个候选人是爱因斯坦，另一个恰好是爱因斯坦大学时代的朋友亚德勒。但是爱因斯坦并不知道。

亚德勒是一个金发青年,智慧超群,他的父亲是维也纳的著名政治家。亚德勒毕业后一直留在苏黎世联邦工业大学任讲师。

州立大学教授的任命，是由州政府教育署主持的。由于亚德勒父亲的背景,加之他的条件很优越,于是,当局决定由亚德勒接任理论物理学教授。

当亚德勒获知与自己竞争这一职位的是爱因斯坦时,便急忙赶到教育署,满脸通红地对负责人说:

“你们完全能聘请爱因斯坦来执教,而你们却不这样做,偏要任命我当教授,真是岂有此理。他是极为难得的大学者,老实说,作为一个物理学家,我连替他拿皮包的资格都没有!”

就这样,教育署改变了教授的任命。后来爱因斯坦知道了这件事,对自己的好朋友非常感激。

1909 年秋天,爱因斯坦辞别了伯尔尼专利局,回到苏黎世母校,就任理论物理学教授。这一年他 30 岁。从此,各国学术界都向他敞开了大门。

爱因斯坦对苏黎世怀着一种故乡般的感情，因为他的学术思想是在这里形成的,苏黎世是相对论的摇篮。

“我们终于回来了!”夫人米列娃也很高兴。

爱因斯坦的学识和平易近人,很快就受到学生们的欢迎。他也很喜欢那些纯朴的学生。

爱因斯坦每次走上讲台,总是先脱下帽子和大衣,挂在衣架上,然后亲切地问道:“各位有什么问题没有?”如果有人提出疑问,他总是说:“这个问题很好。”

待把问题解答之后,他才开始讲课。据说他从来不带讲义上教室,总是一边想着,一边写出复杂的计算来。

不过,当了教授,爱因斯坦的生活并不见得宽裕。他担任的是编外教授(相当于副教授),年薪并不比专利局多多少,而教授的开销却比小职员大。为了补贴家用,米列娃只好腾出房间,租给学生用。夫妇俩时有口角发生。

爱因斯坦曾对朋友苦笑着说:“我的相对论里，空间的每一点上都放着一只时钟。但是在我家里,连一只时钟都买不起。”

群英聚会

qunyingjuhui

爱因斯坦在苏黎世联邦工业大学任教了三个学期。除了讲课,他潜心于引力问题的思考。

1911 年春天,布拉格德国大学寄来聘书,邀请爱因斯坦去该校做正教授,爱因斯坦接受了。那里薪金较高,条件也好。爱因斯坦这时已经有两个孩子,为了一家人的生活,他不得不考虑待遇问题。布拉格大学对爱因斯坦有吸引力,还有一个原因,就是他景仰的马赫曾任该校第一任校长。

布拉格如今是捷克斯洛伐克首都,可那时还被奥地利统治着。这是一个美丽的都市,300 年前伟大的天文学家开普勒在这里生活过，到处都是名胜古迹。宽阔的伏尔塔瓦河静静地从市区流过,广场上聚集着成群的鸽子,空中飘荡着教堂悠扬的钟声。

爱因斯坦漫步在布拉格街头,既领略到中世纪古城的风光,又强烈地感觉到种族仇恨的阴影,这使他很惊讶。居住在这座城市的捷克人和德国人,彼此充满着仇恨。很多德籍犹太人,也参加了对捷克人的歧视。然而在德国人圈子内部,犹太人却又遭到排斥,这是很可悲的事。

有时候,爱因斯坦独自穿过市区,散步到犹太人公墓,伫立在那些刻着希伯来文的古老斑驳的墓石前,一股民族的感情便会涌上心头。他又记起在小学教室里的那种情景。“对,我也是犹太人,我永远不会玷辱自己的民族!”他对自己说。

爱因斯坦在布拉格大学就职演讲那天,自然科学院的讲堂挤得水泄不通,学生们都想一睹相对论发现者的风采。爱因斯坦的演讲简洁明快，他特有的幽默和非学究式的风格，令听众为之倾倒。

在布拉格大学，授课之余，爱因斯坦结识了很多朋友，他和师生们的关系也很密切。据一位当年听过他课的哲学家回忆：年轻的爱因斯坦教授能同提出有趣问题的大学生在街上来回漫步数小时，讨论问题，有时甚至下起蒙蒙细雨，打湿衣服，也没有觉察到。这段时间，爱因斯坦对引力的思考日渐深入。他隐隐觉得自己仿佛已经接触到问题的核心，但还差一点火候。这是一个比"以太之谜"更难解的谜：引力是怎样产生的？它和时间、空间有关系吗？望着桥下波光粼粼的伏尔塔瓦河水，爱因斯坦深感到生命有限，宇宙的奥秘却无穷……

1911年秋天，爱因斯坦应邀参加了布鲁塞尔举行的第一次索尔维会议。这是一次群星灿烂的科学聚会。应邀出席会议的20多人，都是举世闻名的大物理学家。他们之中有法国的居里夫人、朗之万、彭加勒、佩林，英国的卢瑟福、金斯，荷兰的洛仑兹、昂内斯，德国的普朗克、能斯特。会议主席是世界物理学

1911年历史性的索尔维会议。右二为爱因斯坦，后排左二为普朗克，前排用手托脸者为居里夫人。

的元老、荷兰的洛仑兹博士。爱因斯坦和哈森涅尔教授,代表奥地利物理学界参加会议。

这是一次具有历史意义、令人难忘的巨人之会。各国物理学的精英们欢聚一堂,就物理学的重大问题交换意见。会议讨论的主题为“辐射理论和量子”。

第一个作报告的是洛仑兹。他用德语、法语和英语三种语言轮流讲演,讲得极为精彩。题目为“用经典的方法讨论辐射问题”。爱因斯坦望着他深邃的目光和飘逸的银须,心中涌出深深的敬仰。后来他与洛仑兹建立了终生的友谊。

最后一个作报告的是爱因斯坦,他的题目是有关重力的理论,与会的同行不断为他鼓掌。爱因斯坦是巨人中最年轻的一位,他的理论和风度在会议上大放异彩。

“真是不同凡响的人物。”居里夫人小声地对旁边的普朗克说。

普朗克戴着眼镜,留着威严的仁丹胡,头已经微秃,一双眼睛闪着亮光。他有一种明显的感觉,这位年仅 32 岁的爱因斯坦,正站在事业的巅峰上。

“是的,如果爱因斯坦的理论能被证明是正确的话,他将是 20 世纪的哥白尼。”普朗克颔首道。

听见这话,居里夫人和彭加勒联名给苏黎世联邦工业大学写了一封推荐信,信中写道:

“在我们认识的人当中,爱因斯坦是最具有创造才能的人。他虽然还很年轻,但已经在现代第一流的学者群中脱颖而出了。尤其值得佩服的,是他有一种才能,能从新颖的概念中引导出各种结论。关于物理学上的问题,他能不为陈旧的观念所拘束,能看透一切新的现象,而这些都是日后必定会被证实的。

他的真实价值,此后必能更加发挥。因而,聘请他任职的大学,将会声誉日隆。"

与此同时,荷兰的莱顿大学、柏林的帝国学院,还有美国的哥伦比亚大学,都纷纷发出邀请,希望爱因斯坦去讲学。米列娃喜欢苏黎世,爱因斯坦也很怀念那里,苏黎世是他的第二故乡。促成这一选择的,还有一个因素,爱因斯坦觉得那里的氛围和条件,有助于他解决引力问题。

1912 年秋天,爱因斯坦回到苏黎世,在母校就任正教授,主持一个新设的数学物理讲座,聘期 10 年。

这时,他的好朋友格罗斯曼已经是联邦工业大学教授。在这位患难之交的辅佐下,爱因斯坦将登上现代物理学的第二座高峰。

KEXUE JUREN DE GUSHI

预　言

引力之谜

yinlizhimi

布拉格的岁月，对爱因斯坦来说，是值得纪念的。在这座充满幻想和矛盾的城市里，他对引力的研究获得了第一个可喜的成果。他的事业由此进入了辉煌的第二个高峰期。

爱因斯坦1905年发表的相对论，附有一个条件，那就是：两个相对运动的体系是匀速的，因此，它被称做"狭义相对论"。

那么，在有加速度的世界里，情况会怎么样呢？不要那个附加条件的"广义相对论"能够成立吗？这是爱因斯坦几年间一直在苦苦思考的问题。他是一个不知满足的登山者，盼望着征服云天之外的另一座更高的山峰。但是山腰上迷雾缭绕，路在哪里呢？

爱因斯坦到布拉格大学任教后，有件意外的事启发了他。有一天，一个在高楼屋顶上装修的工人不小心摔了下来。所幸的是，他摔在一块很厚的草坪上，居然奇迹般地没有受伤。爱因斯坦同这个工人闲谈时，工人告诉他，在自己摔下来时有一种失重的奇怪感觉。

"失重？"爱因斯坦顿时有所领悟。

"是的，就像重力突然消失了。"

爱因斯坦褐色的眼睛里露出了亮光，沉思片刻后，他像孩子似的高兴地叫起来："对啦，我找到关键啦！"

这是一种顿悟，或者叫灵感。就像传说牛顿看见苹果落地，联想到万有引力一样，是长时间思考的结果。如果是一个无所用心的顽童，看见苹果从树上落下来，第一个闪过的念头肯定是"把它吃掉"。

爱因斯坦从工人的谈话中得到启发，经过一番论证和研究，发现了一个重要原理——这就是广义相对论的第一个原理。

爱因斯坦是这样假设的：一个人拿着手帕站在电梯里，电梯的钢索突然断了，于是这个人和电梯一同以自由落体速度坠下来。这时，他丢下手帕。于是，在电梯外面的人看来，电梯、人、手帕一齐向下降落，降落的速度和重量没有关系，所以都以同样的速度降落。

但是，在电梯里面的人，却感觉到自己是飘忽不定的，手帕也不会掉在地上，只停在他放手的那个位置。这和他在毫无重力作用的太空中的感觉一样。

再假设在电梯顶上系上钢索，用和重力加速度同样的力量往上拉。那么，电梯外面的人会说："电梯上升了。"但在电梯里面的人却一定说："我在电梯里稳稳地站着，取出手帕丢下，它就会落在地上。"他并没有发觉电梯开动了，满以为是自己的身体恢复了重量，就像重新站在地球上一样，丢下手帕也会落在地上。

这说明，电梯里的人分不清电梯是在作加速度运动还是静止在引力场中。换句话说，两者是等效的！这就是爱因斯坦广义相对论的基石——著名的等效原理。

在攀登的路上，爱因斯坦迈出了决定性的一步。这时，一道霞光在前面升起，令他喜出望外。

爱因斯坦进一步假设：假定快速上升的电梯侧面有个小洞，让一束光从这里水平射进来，会怎么样呢？

这个问题非常绝妙。

爱因斯坦断言：根据光的传导法则，这束光将以不变的速度射向对面的墙上，由于在光束照到对面墙上之前，电梯会稍微升高，所以光束照到对面墙上稍低于小洞高度的地方。这就意味着：光线向下发生了弯曲！

从牛顿开始，人们一直认为光线是直线传播的。但是爱因斯坦现在公然宣布：光线和掷皮球一样，都会因为重力的作用，而向下弯曲。

这是一个惊人而富有浪漫色彩的结论。

1911年，爱因斯坦在论文《关于引力对光线传播的影响》中公布了这一理论。论文完成于这年6月，发表在《物理学年鉴》4辑第35卷，679-694页。

在这篇论文中，爱因斯坦提出了一个大胆的预言：星星发出的光线经过太阳旁边时，会因为太阳的引力而发生弯曲。他甚至计算出，光线弯曲的角度是0.83秒。

论文发表后，在学术界几乎引起一场小小的地震。

“真是天方夜谭，光线也会拐弯？”

“八成是爱因斯坦大脑里哪条神经短路了。”

爱因斯坦听见这些流言飞语，只是淡淡一笑。他想起意大利诗人但丁的一句话：

“走自己的路，让别人去说吧！”

他得加紧赶路，好朋友格罗斯曼正在苏黎世等着他呢。

柏林的邀请

bolindeyaoqing

爱因斯坦儿时最喜欢的是数学，但命运好像在捉弄他似的，爱因斯坦长大后在创立无与伦比的相对论时，感到最头疼的就是数学。他很后悔在联邦工业大学时，没有认真听明可夫斯基的数学课。他懂得了一个物理学家没有足够的数学知识，就无法准确恰当地描述大自然的规律。可惜的是，这位天才老师已经英年早逝，爱因斯坦只好向师兄弟求助了。

友情是生活中的一盏明灯。忠实的格罗斯曼又一次向他伸出了援助之手。爱因斯坦回到苏黎世联邦工业大学后，格罗斯曼告诉他，要解决相对论深层次

黎　曼

的问题，可使用一种新的数学工具——黎曼几何学和张量解析。

“老兄,你真行呀！”爱因斯坦捶了朋友一拳说。

“我们不是在同风车作战。要创立新理论,必须使用新式武器！”格罗斯曼眨眨眼说。

格罗斯曼所说的黎曼几何学，的确是一种新武器，它与传统的欧几里得几何迥然不同。欧氏几何的定理只适合于平面:两点间最短距离是直线,三角形三个内角之和等于180°。而黎曼几何是一种球面几何,在黎曼的新空间里,两点间最短距离不是直线,而是弧线,三角形内角之和大于180°。换句话说,在黎曼的世界里,时空是弯曲的。这正是爱因斯坦一直在寻找的时空奥秘！真是踏破铁鞋无觅处,得来全不费工夫。按照这种新的解释,宇宙空间因为引力场的存在发生弯曲,而光线总是沿着最短路线传播的,所以它经过太阳边缘时,会变成弧线(因为曲面上弧线最短)。

爱因斯坦在格罗斯曼的帮助下,经过艰苦学习,终于找到了解释引力之谜的钥匙。两个老朋友的合作,促进了广义相对论这个人类最高智慧的完成。

正当爱因斯坦的研究工作向纵深发展时,柏林向他发出了诱人的邀请。

1913年一个晴朗的夏日，普朗克和能斯特这两位德国物理学界的台柱，专程从柏林来到苏黎世,拜访年轻的爱因斯坦。

“我们正在筹建一个威廉皇家物理研究所,很希望你能协助。”普朗克和颜悦色地说明来意。

“不知道我能帮些什么忙？”爱因斯坦问。

“我们想请你主持物理研究所的工作。”普朗克充满爱意地说。

“啊！是叫我做所长？”爱因斯坦感到很意外，这个职位一般学者是得不到的。

这是再理想不过的职位了。时间充裕，待遇优厚，研究不受任何束缚，而且柏林是欧洲的学术中心，可以和许多当代著名学者经常交换意见，互相研究。爱因斯坦动心了。但他还有一个顾虑，那就是德国是一个军国主义的大本营。少年时代慕尼黑的阴影，在他的心中总也抹不掉。

“谢谢两位的厚爱。我很愿意到柏林和大家一起共事，但不知道，能不能保留我的瑞士国籍……”

这真是个意外的条件。它很可能被认为是对东道主引以为自豪的“神圣的德国”的侮辱。但很出乎意料，这个条件也顺利地被接受了。

“这可是世界上第一流的物理研究所哟！”能斯特替普朗克帮着腔。

“是的，我知道……可是……”爱因斯坦有些迟疑。

普朗克和能斯特交换了一下眼色，接着抛出了事先谋划好的网罗计划。

这位物理学泰斗推了推眼镜框说道：“除此以外，还准备请你兼任柏林大学教授以及普鲁士科学院院士。”

普朗克的话充满了诚意。

科学院院士是科学界的最高荣誉，还没有人在 34 岁时就获此殊荣的。爱因斯坦知道，这一切都是普朗克的全力举荐。他很感动，但也有些犹豫。

“担任这么重要的职务，对我来说，恐怕太年轻了些……”

“哪里的话！在柏林老头有的是，我们会给您作后盾的。”能斯特大声地说。

“那么，到柏林大学，需要讲课吗？”

“不，这只是个名义。如果你愿意，讲几堂课也可以；如果你不愿意，就不必上课。”

于是，1914 年春天到来的时候，爱因斯坦这个年轻的科坛巨星，以瑞士籍

米列娃和两个孩子

犹太人的身份搬到柏林。他的到来，顿时为德国的科坛增添了光辉。

米列娃没有随爱因斯坦迁往柏林。他们的婚姻出现了裂痕。事实上，双方都没有过错，主要是性格不合。做伟人的妻子是很难的。米列娃牺牲了自己的事业，做一个家庭主妇，感到很委屈，她需要丈夫的体贴、关怀。而爱因斯坦自己还是一个需要照顾的“大孩子”，除了醉心于科学和小提琴，他可以忘掉世界上的一切。他们的生活并不融洽。而且，米列娃也不愿意离开苏黎世。于是，经过一番商量，米列娃带着两个孩子留下，同他分居了。

爱因斯坦独身一人来到柏林。柏林是一座现代化的都市、欧洲的学术中心，他有不少朋友在这里。爱因斯坦经常在宽阔的菩提大道上散步，穿着一件臃肿的旧外套，双手插在裤子口袋里，看上去像一个悠闲的艺术家。实际上，这个时候他的思想如天马行空，在宇宙中驰骋。

广义相对论的第一篇论文发表后，在学术界引起两种迥然不同的反应。爱因斯坦一面继续完善这个理论，一面期待着天文学家用实验验证自己的预言。但要观测星光经过太阳边缘是否发生弯曲，必须在日全食时才有可能。1914

年夏天将有一次日全食出现，这是非常难得的机会。爱因斯坦翘首以待，盼望着这个日子的到来。

硝烟弥漫

xiaoyanmiman

躁动不安的春天过去了。第一次世界大战的阴云已在柏林上空密集，爱因斯坦仍在做他的相对论梦。

有一天，他听说皇家学会会员史敦普教授对空间概念很有兴趣，决定去登门拜访。

上午 11 点，他来到史敦普教授寓所前，摁了摁门铃，不巧，教授不在家。女佣人问他有没有话需要转告。爱因斯坦说不必了，等一会儿再来。他到咖啡馆喝了杯咖啡，吃了块三明治，然后在公园里来回散步。到了下午两点，他又去了。女佣人很抱歉地说，实在对不起，主人吃过午饭，正在睡午觉。爱因斯坦一向豁达，说没关系，过一会儿我再来。他又到公园去，一边踱步，一边掏出纸片做着演算。4 点时，他又来到教授家。由于他的耐心，终于见到了这位大学者。

"'有志者事竟成'这句话，是有道理的哟。"

爱因斯坦边笑着说，边走进客厅。

史敦普教授夫妇为爱因斯坦的来访感到很高兴，因为爱因斯坦是出了名的不爱做正式访问。由于是初次访问，主人满以为会先是"天气如何"、"宝眷好吗"地客气一番，然后再谈到一般的话题。哪知道爱因斯坦单刀直入，一开口就谈起了相对论。

"久仰了。……我现在正在做的研究是……"

史敦普教授是一位大心理学家，对数学并没有多深的研究，因此，对爱因斯坦讲的内容,连门都没有摸到。教授夫人更是如坠五里雾中,连点头称是都很困难。

40分钟过去了,爱因斯坦才发觉自己谈走了火。看见主人的表情,他觉得再待下去也没多大益处,于是起身告辞了。教授夫妇不禁面面相觑,直到把客人送到门口,他们还觉得莫名其妙。

就在这段时间里,爱因斯坦的广义相对论接近成熟。

1914年夏天,世界大战爆发了。

战争的导火线,是6月28日奥地利皇太子斐迪南大公在萨拉热窝被刺身亡。实际上,德国和奥地利一直都在穷兵黩武,酝酿发动侵略战争。7月28日奥地利向塞尔维亚宣战。7月30日,不甘心自己利益受染指的俄国宣布总动员。8月1日,德国对俄国宣战。几天后,法国、英国也相继参战。战火燃遍整个欧洲。

这个时候,一支由德国天文学家组成的考察队,正在前往俄国克里米亚半岛途中。他们是去那里进行预计中的日全食观测的。领队是爱因斯坦的朋友、天文学家弗罗因德里希。考察队此行的一个主要目的,是检验爱因斯坦光线弯曲的预言。不幸的是,考察队在俄国境内被当做战俘抓起来了。几个星期后,他们同几名俄国军官交换而获释,但测量仪器被全部扣留。人们期待已久的日全食观测就此中途夭折。

整个德国沉浸在一片战争的狂热中,柏林成了旋涡的中心。菩提大道上战鼓咚咚,军旗飘扬。报纸上竞相登出德军攻入比利时的捷报。许多平时不问政治、清高淡泊的教授、学者,也纷纷加入"保卫祖国"的大合唱。一些名流起草了一份"告文明世界书",向全世界声明:德国并未发动侵略战争。有93名德国著名的科学家、艺术家和学者在上面签名,其中包括伦琴、能斯特和国家观念极强的普朗克。宣言起草人想请爱因斯坦签名。但爱因斯坦断然拒绝了,他公开宣称自己是和平主义者,反对所有的战争。这个态度使爱因斯坦陷入尴尬的境地，幸亏有普朗克替他解围，说新来的爱因斯坦教授持有中立国瑞士的国籍，不要太为难他。不过，爱因斯坦并不怕受到非难和迫害，他说话从来直言不讳。

战火还在蔓延。爱因斯坦怀着沉重的心情，在给朋友的信中写道：

"欧洲正处在疯狂中，已经开始了一些令人难以想象的事情。在这种时期，人们感到自己是多么可悲的一种动物啊！我平心静气地进行宁静的研究和思考，但我感到的却是遗憾和厌恶……"

一颗高尚的心灵在叹息，一颗冷静的头脑却没有停止代表人类最高智慧的思考。爱因斯坦竭力避开战争的喧嚣，躲在家里埋头于研究工作。

这个时期，柏林的生活一天天艰难起来。食品匮乏，物价飞涨，有时连买面包都要排通宵长队。幸好爱因斯坦在柏林有个富裕的亲戚，就是艾尔莎表妹的娘家。艾尔莎同爱因斯坦是青梅竹马的伙伴，这时带着两个女儿，寡居在家。多亏这一家人的照顾，爱因斯坦才渡过了战时的困窘。

洛仑兹教授听说柏林很苦，几次邀请爱因斯坦到荷兰莱顿大学任教。爱因斯坦婉谢了老教授。因为他答应过普朗克，除非在柏林待不下去了，自己决不背弃朋友的友情。他是在报普朗克的知遇之恩，同时，也是因为不愿放弃在柏林的研究工作。

1915 年金秋，在战争的硝烟中，爱因斯坦完成了"广义相对论"。

广义相对论

guangyixiangduilun

广义相对论是爱因斯坦一生中最伟大的发现。

爱因斯坦曾经对他的学生说："要是我没有发现狭义相对论，也会有别人发现的，问题已经成熟了。但是我认为，广义相对论的情况不是这样。"这话不假。广义相对论里包含着极为深刻的思想，它是哲学、物理学和数学的完美结合。从1905年到1915年，爱因斯坦经过整整十年的酝酿，才完成了这一理论。

难怪著名科学家玻恩把广义相对论称为“人类思维最伟大的成就”。

爱因斯坦自己也抑制不住完成广义相对论的狂喜。1915年11月，他在给一位德国同行索末菲的回信中写道：

“上个月是我一生经历中最激动而又最艰苦的时期之一，当然也是收获最大的时期之一。写信的事一直被抛到脑后去了。”

索末菲是慕尼黑大学教授，他先前给爱因斯坦写了几封信，都没有得到回音。爱因斯坦9月去苏黎世探望两个孩子后，顺道到日内瓦去拜访法国著名作家罗曼·罗兰。这是一次十分愉快的会晤。从日内瓦返回柏林后，爱因斯坦立即全身心地投入到广义相对论的最后完成工作，无暇他顾，因而推迟了给索末菲的回信。爱因斯坦在这封回信里作了解释。

从这封回信看，广义相对论的最后完成时间，是在1915年10月。这是爱因斯坦关于广义相对论研究的全面总结。

论文的最后定稿，是在1916年3月。后发表在当年的《物理学年鉴》4辑第49卷上，题目为《广义相对论的基础》。其中数学部分是爱因斯坦与好友格罗斯曼合作的。这是一次辉煌的合作。在格罗斯曼的支持下，爱因斯坦登上了近代物理学的顶峰。

爱因斯坦把广义相对论看做是他的新理论大厦的“第二层”。物理学家们起初看见这一层大厦时，都惊奇得目瞪口呆，以为是童话里的海市蜃楼。到后来题目看真切了，才确信这是全部自然科学史上最完美、最精湛的创造。因为它取代了牛顿的万有引力理论，改变了整个人类对宇宙的认识。

根据广义相对论中的引力理论和运动方程，爱因斯坦提出了三个著名的预言。

第一个预言，是用广义相对论解释水星“近日点”的移动。天文观测发现，水星椭圆轨道上最靠近太阳的近日点,100年来比牛顿万有引力定律的计算值多移动了43秒。科学家们提出了各种假设,都解释不了这个异常现象。有人甚至猜测,这是因为有颗尚未发现的行星干扰所引起的,这个假想星被称为“火神星”。可是,几十年过去了,谁也没有找到这颗叫“火神星”的行星。

爱因斯坦的广义相对论解开了这个谜。原来火神星并不存在,根据爱因斯坦的引力理论计算,水星近日点每一百年有43秒的剩余移动,与天文测量的结果完全一致!

第二个预言,是在太阳引力的作用下光线会发生弯曲。爱因斯坦在1911年的论文中就提出了这个结论,当时他计算出偏转角为0.8秒。在爱因斯坦之前,任何一个物理学家都没有这样大胆地假设过,甚至连做梦也没有想到过光线会弯曲的。

但是爱因斯坦向全世界这样宣布了。这一次他还修正了1911年论文中计算的失误,指出光线的偏转角应是1.74秒。

这太神奇了!关注相对论的人都把目光投向下一次日全食,等待着真理的裁决。

第三个预言,是光谱线在引力场中会向红端移动,这一现象又称为“引力红移”。根据广义相对论,引力场会使时钟变慢,这意味着在原子中电子的振荡频率会变低,因而辐射出的光的频率也随之变低,导致光谱线向较长的红端移动。

十年以后,美国天文学家亚当斯在天狼伴星的光谱中,果然观测到这种引力红移现象,观测结果和理论预言相吻合。这是后话。

广义相对论确实太神奇了。和爱因斯坦同时代的物理学家,一开始都不理解。

英国天文学家爱丁顿爵士,是广义相对论最积极的支持者。据说有一次新闻记者采访他,问道:“是不是世界上真的只有三个人搞懂了广义相对论?”

爱丁顿听后没有吭声，谈话停顿了好一阵。

这位记者有点不安了，小心地问了声："教授，有什么事不对吗？"

爱丁顿说："不，没什么。我刚才是在想，第三个人是谁呢？"

说这话一点也不夸张，就连索末菲教授也给爱因斯坦来信说，他对爱因斯坦的预言感到"有点不可置信"。

1916年春，爱因斯坦在一张明信片上答复道："朋友，一旦你研究了广义相对论，你就会相信它。因此我不说一句袒护它的话。"

这时候，爱因斯坦很想见见洛仑兹，同这位他最敬重的物理学大师讨论一下自己的新理论。当时洛仑兹名义上已退休，实际上仍在莱顿大学紧张地从事研究。爱因斯坦乘上了去莱顿的火车。

他们的会见充满了温馨的情趣。

在舒适而简单的书房里，洛仑兹让爱因斯坦坐在专为贵客准备的安乐椅上，然后默默递给爱因斯坦一支雪茄。爱因斯坦无拘无束地同他交谈起来。

"教授，我很想知道，您读了《广义相对论的基础》，觉得怎样？"

洛仑兹在办公室

"我相信是天才的思想，但是表述比较深奥，因此，一般人不易读懂……"

洛仑兹平静地谈着意见，看得出，他仔细揣摩过论文。

爱因斯坦吸着雪茄，不时地点头。

洛仑兹继续说道："很显然，在推导过程中，你的引力场方程遇到了很大困难……"

爱因斯坦从心里佩服洛仑兹的洞察力，竟然忘记了手中的雪茄，端正地坐着聆听。

"你能不能把推导作些简化，让表达方式更直接易懂些呢?"洛仑兹用手指敲了敲写字台。

爱因斯坦俯视着洛仑兹随手在纸条上写下的数学公式，沉思起来。雪茄熄了，他也没有察觉。

洛仑兹微笑着瞅着爱因斯坦，他坐在写字台后的神情，就像一个父亲瞧着自己最宠爱的儿子一样。

过了好一会儿，爱因斯坦突然快活地叫起来："我找到办法了！"

于是他们会心地笑起来。两位不同代的巨人的思想完全相通了。

伟大的时刻

weidadeshike

1918 年 11 月，德国宣布投降，历时四年的第一次世界大战结束了。威廉二世仓皇出逃。爱因斯坦为德国军国主义的失败而兴奋满怀，他写信告诉在瑞士的母亲说："现在我才感到自己在柏林心情舒畅……"

战争的阴霾终于过去了。当硝烟渐渐散开时，全世界的目光都投向了爱因斯坦。

爱因斯坦完成广义相对论时，大战正酣，他的预言几乎被炮火声所淹没，只有少数学者注意到他的理论。而反应最强烈的却是交战的对方——英国的科学家们。

1917 年 3 月，战事还在进行时，英国皇家天文学会就宣布：1919 年 5 月 29 日将有一次日全食发生，地区在大西洋两岸一带。在爱丁顿爵士的热心倡导下，英国开始积极准备对这次日全食进行观测。爱丁顿被任命为考察队长。当时，德国的潜艇正封锁着英吉利海峡，英军士兵每天在前线都有阵亡。要花这么大的代价，去验证一个敌对国科学家的理论，在英伦三岛引起一些非议。

但爱丁顿是世界有名的天文学家，他相信科学是没有国界的，它应该属于全世界；而且爱因斯坦本人是反对这场战争的，他是朋友，不是敌人。考察队计划分成两支远征队，一支前往巴西北部的索布拉尔，另一支将由爱丁顿亲自率领赴非洲几内亚湾的普林西比岛。这两地都位于日全食带上。

世界大战一结束，考察队立即做好出发前的准备。1919 年 3 月，两支远征队带着许多精密仪器，乘船离开了英国。

战争虽然过去了，但一般人头脑中的“敌对”意识还没有完全消除。

考察队的一支抵达巴西时，当地一家报纸发表文章说：“全队学者都精通天文学，他们既然有多余的时间去证明敌人的学说，为什么不想办法让我们下一点雨呢？”

当时，巴西正值大旱，苦于不下雨。

爱丁顿率领的考察队，在 4 月 24 日提前到达普林西比岛。他们立即架设望远镜，做好观测的准备，然后等着那伟大时刻的来临。

“但愿那一天是晴天，哪怕就是在日食时晴几分钟也好啊……”他们都担心着天气的好坏。

到了 5 月 29 日那天，很不巧是阴天，这对观测十分不利。

日全食开始时，透过云层勉强可见由日晕环绕的黑色日轮，就像平时在无星之夜，隔着云层隐约看见月亮的样子。

“真糟！”爱丁顿叹了一口气。但此刻别无选择，只能按原计划进行拍摄。

只听见咔嚓、咔嚓的按钮声，一个助手迅速而准确地换着底片，他们间隔一定时间，屏息静气地拍下一张又一张照片……

当时，他们全部注意力都集中在暗匣上了。天上的景象蔚为壮观，黑太阳的亮圈外，喷着一团惊人的日珥。这一切爱丁顿都顾不得看了，他只觉得大地笼罩在一片神秘的寂静中。

在 302 秒的日全食时间里，他们一共拍下 16 张照片。老天有眼！在日全

食快终了时，云层渐渐散开，天幕上露出了闪烁的星星。因此，最后有两张照片把五颗星星拍得很清楚。

“我终于拍下了星光！”照片冲洗出来，爱丁顿抑制不住内心的激动。

他终于握住了裁决相对论的利剑。

结果会是牛顿正确，还是爱因斯坦正确呢？

爱丁顿从伦敦带来一张没有日全食的同一星空照片。就在普林西比岛上，他把日食底片同对比底片精确地重叠在一起，固定在测微仪器乳白色透明的玻璃板上。

爱丁顿

他定睛看去，呈现在眼前的是一幅激动人心的图像：日食底片上的恒星确实发生了位移！经过反复测量，位移的角度为 1.61 秒——这正好与爱因斯坦的理论吻合。后来获知，索布拉尔队测出的结果是 1.98 秒。两者平均为 1.79 秒，这与爱因斯坦预言的 1.74 秒相当一致。

爱丁顿欣喜若狂。星光真的弯曲了。爱因斯坦的广义相对论得到了证实！

但是，这个观测结果事关重大，考察队没有马上公布。洛仑兹老先生获知这一消息后，第一个告诉了爱因斯坦。他从莱顿给爱因斯坦拍了一封电报：“顷悉爱丁顿发现在太阳边缘星光位移。”道贺之情溢于言表。

爱因斯坦得到这个消息很高兴，但并不特别激动，因为在他看来这是意料之中的结果。当天，爱因斯坦在给母亲的明信片中写道：“今日接到喜讯。洛仑兹来电称，英国考察队证实了星光在太阳附近发生了偏转……”

1919 年 11 月 6 日，英国皇家天文学会和皇家学会在伦敦联合举办了观测结果报告会。由于事件具有划时代意义，会议的气氛异常庄严隆重。主席是

皇家学会会长、著名的汤姆逊教授。主席台的背后挂着牛顿的巨幅画像，它仿佛在提醒与会者，两百年前所作出的最伟大的科学总结将要得到修正。

会上，首先由戴森爵士代表皇家天文学会作了考察队5月远征观察日食的目的和活动组织的报告。接着，爱丁顿详细介绍了考察队的实际观测结果，全场为之轰动。

“很清楚，光线经过太阳边缘发生的弯曲和爱因斯坦的预言吻合，观测结果证明：空间是弯曲的，爱因斯坦广义相对论得到支持！”

爱丁顿铿锵的语调在大厅里回荡着。

汤姆逊主席用庄重的语调作总结致辞说：

“相对论是人类思想史上最伟大的功绩之一。这并不是发现了一个海上的孤岛，而是发现了一个科学思想的新大陆……”

主席台背后，牛顿从画像上俯视着这个历史性的场面。

第二天，伦敦《泰晤士报》详细报道了这次报告会的新闻，头版头条印着特大的标题：

“科学的革命——牛顿的学说被推翻了——空间‘被扭曲’。”

这个消息像旋风一样传遍了全世界。

KEXUE JUREN DE GUSHI

世界名人

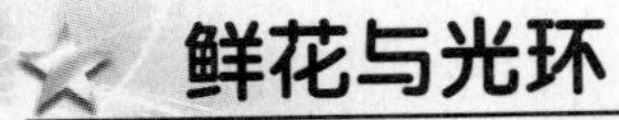

鲜花与光环

xianhuayuguanghuan

1919年11月7日,爱因斯坦早晨醒来,发现自己突然成了世界名人。

由于星光在太阳边缘弯曲的新闻很快传到世界各个角落,爱因斯坦几乎在一夜间成了举世瞩目、轰动一时的人物。他的名字闪耀在各国的报纸杂志上。新出的《柏林画报》,特地用他的照片做封面,上面印着标题:"爱因斯坦,当代的哥白尼!"

从世界各地寄来的信件,每天成百上千地送到他的公寓来,堆成一座小山。信封上贴着花花绿绿的各国邮票,有的连地址都没有,只写着"阿尔伯特·爱因斯坦博士收"。信件的内容各式各样:有要照片的,有索取签名的,有请爱因斯坦给儿子取名字的,还有的要求教授解释空间怎么会弯曲,时间又是怎样被拉长的。有个没有考上大学的年轻人,请爱因斯坦帮忙介绍一份轻松的工作。一位发明家寄来"永动机"方案,问他是否有推广价值……好莱坞也从遥远的美国寄来公函,表示愿付一笔巨额酬金,请爱因斯坦允许将他的故事拍成电影。

一向喜欢待在宁静的公寓里独自思索的学者,忽然成为新闻记者、摄影师和好凑热闹的追星族的包围对象。来访者络绎不绝,他们一大早就云集在寓所前,等着爱因斯坦的接见。哈伯兰大街5号被挤得水泄不通。

"全世界都发疯了。"爱因斯坦嘟囔道。他无法对付这种场面,只好由艾尔莎出面挡驾,艾尔莎这时已是爱因斯坦夫人。

这年春天,爱因斯坦与米列娃办了离婚手续。他们分居五年,彼此都觉得这是妥善的解决办法。也有传记作家说,离婚的双方中爱因斯坦是主动的,当时米列娃正在病中，离婚手续是贝索帮助安排的。办完离婚手续后，爱因斯坦同艾尔莎结了婚。爱因斯坦母亲很喜欢艾尔莎。艾尔莎温存能干，从小就熟悉阿尔伯特的脾气，他们建立起和谐温暖的家庭。

爱因斯坦和艾尔莎

如今，艾尔莎成了丈夫的保护神。她彬彬有礼地挡住了大部分来访客人，耐心解释爱因斯坦需要时间，需要安静。尽管如此，仍有来访者冲破防线，直接去麻烦可敬的科学家。

那些号称“无冕之王”的记者，更是穷追不舍。每当艾尔莎从街上回来，他们就会从电梯旁闪出来，围住夫人。

“请问，做一个伟人的夫人，你有什么感想？”

“爱因斯坦教授早餐吃什么东西？”

“爱因斯坦先生喜欢抽什么牌子的雪茄？”

“他晚上做梦吗？”

这些无聊的问题，常使艾尔莎难以招架。

爱因斯坦成了全世界崇拜的偶像，人们给他戴上桂冠，把他推上荣誉的顶峰。面对这一切，爱因斯坦觉得是一种负担。他一向把名利看得很淡泊，对荣誉的花环和喧闹很难适应。

他在给一位朋友的信中诉苦道：“随着报刊文章浪潮而来的，是雪片般的请帖、函件和要求，把我完全淹没了。每晚我都梦见我好像在地狱中受煎熬，邮递员魔鬼般地朝我咆哮着，向我头上扔来大沓信件……”

抱怨无济于事。各种会议、仪式照样纷纷发来请柬，到处都要他点缀门面。

爱因斯坦诙谐地说,他简直成了"盛着甜食的高脚盘"。为了沾伟人的光,柏林很多新生的小孩都取名为"阿尔伯特"。街上还出现了"爱因斯坦式"雪茄和"相对论牌"香烟,销路特别好。

不仅如此,爱因斯坦还成了柏林活生生的"名胜"。凡是来柏林观光的外国游客,都以能一睹爱因斯坦的风采为荣。他们之中许多人往往并不清楚,爱因斯坦究竟是物理学家、哲学家、幻想家,还是其他什么家。他们只知道,这个伟人谈论的是宇宙的事情,而在他之前没有任何人这样谈过。

在爱因斯坦讲课时,大厅里挤满了这样的游客。其中有不少从英国和美国来的贵妇人,她们穿着昂贵的裘皮大衣,举着袖珍望远镜,像瞻仰舞台明星一样端详他。当讲课结束时,这些外国客人纷纷奔向讲台,争夺爱因斯坦用过的粉笔头,以便带回国留作纪念。

爱因斯坦获得了全世界的盛名,鲜花和赞扬纷至沓来,但他能够在荣誉中始终保持清醒的头脑和哲人的淡泊。在同时代的科学家中,只有像居里夫人那样高尚的人,才能做到这一点。

为了答谢英国同行们的出色工作,爱因斯坦接受了伦敦《泰晤士报》的约请,写了一篇介绍相对论的文章在该报发表。

在这篇文章的结尾,他谦虚地写道:

"我的理论的优点,在于它的结构的完美。可是,大家不要以为牛顿那伟大的事业,将会被这些理论推翻掉。

"泰晤士报上关于我的生活和为人的某些报道,全是记者先生的活泼想象。为博得读者们一笑,我在这里正巧运用一下相对论原理:今天我在德国被称为德国的科学家,而在英国却被称为瑞士籍犹太人;假如有一天我不受欢迎,那么事情就会反过来:对德国人来说,我将变成瑞士犹太人,而对英国人来说,我又变成了德国人了。"

意想不到的是,没过多久,他的俏皮话竟变成了事实。

世界旅客

shijielüke

很多国家向爱因斯坦发来友好的邀请,欢迎他去访问、讲学。当时世界大战刚结束不久,战争的创伤还没有平复,欧洲还是一片废墟,交战国之间的人民心里,还残留着仇恨的阴影。爱因斯坦接受了各国的邀请。他怀着一颗博大而高尚的心灵,以科学家与和平使者的双重身份,开始了世界之旅。

他旅程的第一站,是古老而恬静的莱顿城。他拜会了洛仑兹教授,同白须飘逸的老人在常青藤下促膝长谈。在老朋友埃伦菲斯特家里,他拉小提琴,主人钢琴伴奏,他们一边演奏贝多芬的田园交响乐,一边讨论物理学问题。荷兰女王到莱顿海军学院视察,听说誉满全球的爱因斯坦教授也在莱顿,特意和他见了面。

法国巴黎是爱因斯坦旅途的第二站。他是应巴黎天文台的邀请去访问的。爱因斯坦一向不拘小节,火车还没有进站,就上演了一出小小的喜剧。

爱因斯坦乘坐的是三等车厢,随身带着小提琴和一个手提皮包,模样就像一个民间艺人。东道主为了尊贵客人的安全,特意派了两名代表到国境线上去接他。这两名代表登上列车找了一圈,却见不到爱因斯坦的影子,他们怎么也没有想到举世闻名的大科学家会坐三等车厢。

他们急得像热锅上的蚂蚁,赶紧挂电话向巴黎总部报告。"爱因斯坦下落不明"的消息不胫而走,这可急坏了巴黎的警察和保安人员。正当他们忙得团团转的时候,爱因斯坦已经悠然地走下巴黎车站的月台。

"嗨,索洛文先生!"他亲热地招呼道。

索洛文是爱因斯坦在伯尔尼时的老朋友,和贝索、哈比希特同为"奥林匹亚科学院"成员。

"欢迎你的光临。……不过,车站外有点小麻烦。"索洛文压低嗓门说。

"怎么回事?"爱因斯坦微笑着问。

"一大群激进派学生聚集在那里,情绪激昂,据说他们要搞示威,想把你轰走。"

"那我只有等着挨轰了。"

"你跟着我,咱们从旁门出去。"

于是,索洛文带着他从厕所的窗口爬出来,然后从车站后门溜出去,乘上出租车直驱巴黎天文台。事后才知道,那群学生是来欢迎爱因斯坦的,为首的是法国著名物理学家朗之万的儿子。小伙子们在车站门口冒着寒风白等了几个小时,还以为爱因斯坦真的"失踪"了呢。

爱因斯坦在巴黎会见了不少老朋友,也结识了一些新朋友。他在法兰西学院举行了公开演说。为了防止坏人捣乱,朗之万和法国前总统、数学家潘列维亲自站在会场门口,一一验证入场券。这是一次十分隆重的盛会,居里夫人也出席了。

但是法国没有忘记爱因斯坦是"德国人",当居里夫人和朗之万联名推荐爱因斯坦为巴黎科学院名誉院士时,有 30 名褊狭的院士表示反对。爱因斯坦对院士的虚名毫不在意,他特地驱车到巴黎郊外凭吊了大战时的战场。站在一片残垣断壁上,他沉重地对同来的索洛文和朗之万说:"应该让德国的学者看看这些景象!"

第二年,也就是 1921 年年初,爱因斯坦访问了布拉格。踏上这个充满历史遗址的都市,他倍觉亲切。十年前他曾在这里的大学当教授,旧地重游,变化很大。捷克斯洛伐克在战后获得独立,布拉格成了这个新国家的首都。捷克斯洛伐克人再也不会遭受歧视了。

在布拉格,爱因斯坦住在老同事法兰克教授的家里。教授夫人长得小巧玲珑,很年轻。她对爱因斯坦简朴的行装惊讶不已。

她万万没有想到,世界一流的科学家,随身只带一把小提琴和一个小提包旅行。

“你别的行李呢?”她好奇地问。

爱因斯坦在维也纳演讲

“没有了,总共就这些。”爱因斯坦满不在乎地说。

法兰克夫人考虑得很周到,为了让爱因斯坦上讲台演讲时体面些,她特地把他仅有的两条裤子选了一条,送到洗衣店里洗熨得干净笔挺。可是,演讲那天到会场一看,爱因斯坦却穿着另一条又皱又脏的裤子,毫不在乎地站在讲台上侃侃而谈。

演讲之后是晚宴。在烛光映照中,主宾们轮流站起来举杯致辞。轮到爱因斯坦致答谢辞时,他站起来,理了理垂在耳际的一绺头发说道:“我想,与其讲一大篇话,不如用小提琴演奏一曲,能更好地表明我此刻的心情。”说完,他演奏了一曲莫扎特的奏鸣曲,获得满场喝彩。

第二天,布拉格一家报纸登出一条花边消息:“晚宴上艺惊四座:世界第一流的物理学家,也是世界第一流的小提琴家。”

爱因斯坦读了报纸,对法兰克夫妇说:他自己认为小提琴的演奏水平,大大超过他的物理学水平。

爱因斯坦离开布拉格后又访问了维也纳。他在坐满三千人的音乐大厅里发表了公开演讲,受到热烈欢迎。

1921 年 4 月的一个晴朗的早晨,爱因斯坦踏上了美国纽约港码头。他的随身行装依然是一把小提琴和一个小提包,不过,这次他是带着夫人来的。同

行的还有这次旅行的策划者、犹太复国运动领袖魏茨曼博士。他们此行的目的，是为设立一所犹太人的希伯来大学来寻求援助。爱因斯坦深深感受到犹太民族在德国备受歧视的伤痛，他愿为自己的同胞尽一份力量。

爱因斯坦刚走下船桥，就被记者们团团围住了。镁光灯朝着他和夫人闪烁不停。爱因斯坦穿着浅灰色的风衣，左手提着小提琴，蓬松的头发在风中飘动着，一双褐色大眼睛露出温和的光芒。

“教授先生，您能不能用三句话说明什么是相对论？”一个记者抢先问道。

爱因斯坦笑了，这类问题他已经回答过上百遍了，他说道：“希望诸位不要太认真，让我来做一个轻松的回答——以前大家相信，即使宇宙间一切物质都消失了，时间和空间依然存在。但根据相对论，如果物质没有了，时间和空间也会同时消失。”

“啊，是重要的哟，真妙！”

“爱因斯坦先生，据说，您曾经说过世界上只有 12 个人懂相对论。这是真的吗？”

“这是误传，我没有说过这话。我想，只要是学物理的学生，都能懂相对论。”

“请问博士，相对论为什么会轰动全球呢？”

爱因斯坦把手一摊说：“这我也不明白，我正想问诸位呢……不过，假如来访的是一位拳王，一定比我更受欢迎。”

记者们都哈哈地笑起来。

“看样子，我已经通过考试这一关了。”爱因斯坦环顾左右道。

记者们并不罢休，把目标转向艾尔莎。

“请问夫人，你也懂相对论吗？”

艾尔莎率真地说：“我不懂，阿尔伯特给我讲过好多次……不过，这件事并不影响我们的幸福。”

爱因斯坦刚踏上纽约，就征服了美国人民。他们乘坐的汽车开进纽约市时，沿途挤满了欢迎的群众。人们手中挥舞着小旗，兴高采烈地朝汽车欢呼。目睹这种场面，爱因斯坦脸上露出了纯真的笑容，他转过脸小声对艾尔莎说："美国上流社会的贵妇每年都有一种流行热，今年最时髦的是相对论了。"

不仅是上流社会的贵妇，就连国会里的议员们，也热衷于相对论的讨论。美国朝野上下，刮起了一股"爱因斯坦旋风"。美国总统哈定亲自接见了他们。亏得爱因斯坦这块金字招牌，魏茨曼博士的集资计划才得以顺利完成，后来他担任了以色列第一任总统。

爱因斯坦在美国的行程安排得连轴转。爱因斯坦在给好友贝索的信中风趣地说："我就像一条得了奖的牛那样任人观赏，在数不清的大会小会上发表演讲，做数不清的科学报告。我居然能坚持下来，真是个奇迹。"

爱因斯坦在美国访问期间，到普林斯顿大学做了四次学术报告，该校特授予他名誉博士学位。这是他第一次到普林斯顿大学。这座宁静的大学城，给他留下了难忘的印象，从此和他结下不解之缘。

从美国返欧途中，爱因斯坦夫妇接受霍尔登爵士的邀请，顺道访问了英国。

英国是一个彬彬有礼而又高傲的国家。由于战争的伤疤还未完全愈合，英国人对德国人有成见。爱因斯坦踏上英伦三岛，心里怀着一丝敬意，因为这里是牛顿、法拉第、麦克斯韦的故乡。

在伦敦，霍尔登爵士为爱因斯坦夫妇举行了隆重的午餐会。各界名流都来了，有大主教、皇家学会会长汤姆逊爵士，爱丁顿教授也出席了。英国首相因为要务在身未能出席，特意来函致歉。

在旅行期间，爱因斯坦还会见了英国战时首相乔治，并同大文豪萧伯纳一起喝下午茶。报纸上刊出了一幅他同萧伯纳会见的漫画，画面右方印着两行对白：

"爱因斯坦先生，你是不是真正了解你创立的相对论呢？"

“嗯,也不过就像你了解你剧中人物的对话那种程度。”爱因斯坦答道。

英国人是不乏幽默感的，还有一幅漫画把相对论同追捕大盗联系起来：一个侦探手持电筒,照出一束强光,光束拐了几个大弯,最后照在一个正在撬保险柜的窃贼身上。漫画下方写道：

爱因斯坦,一点小意思!

在皇家学会举行的盛大欢迎会上,爱因斯坦用德语进行了演讲。事先有人担心演讲的效果,因为会场的气氛有些冷淡。

霍尔登爵士首先致欢迎辞。他有意避免使用犹太人、德国来宾这些敏感的字眼,热情地说道:“我们英国人对本世纪最伟大的天才——爱因斯坦先生的到来,表示真诚的欢迎。”

爵士讲了大约十分钟,为了加深听众的印象,结束时他提高音调介绍道:“我们可以毫不夸张地说,爱因斯坦正是20世纪的牛顿。”

霍尔登爵士坐下来,礼堂里只有零落的掌声。

轮到爱因斯坦站上讲台,他向主席点头致意,然后从容不迫地演讲起来。

他的声音很淳厚、温雅,富有魅力,他的态度又是那样落落大方而又真诚。全场的听众立即被他吸引住了。

“女士们,先生们！本人能有机会在巨人牛顿祖国的首都做一次演讲,内心感到很愉快……”

他说到科学家有自己的祖国,但科学是没有国界的;牛顿虽然是英国人,但是他的伟大科学成就是属于全世界的。

这热忱的话语,把听众心中的冰块融化了。

当演讲进入主题时,爱因斯坦眼里露出生动的光辉,他用幽默的语言、形象的比喻分析了宇宙的结构,阐述了他的新理论。听众们不知不觉地被征服了,他们忘了自己是在听德国人演讲的英国人,他们忘记了一切,只感受到演讲者灿烂夺目的天才。

演讲结束时,大厅里响起热烈的掌声和长时间的欢呼。冰山融化了,相对论战胜了英国人的偏见。

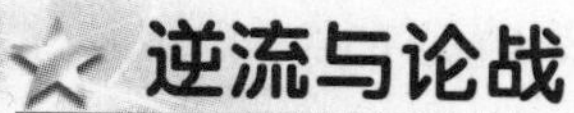

逆流与论战

niliuyulunzhan

爱因斯坦的海外之行,为德国带来了世界性的荣誉。但当他回到德国时,却发现自己成了不受欢迎的人。

他的话应验了,事情反了过来:在英国人心目中,他是德国人;在德国人眼里,他成了“瑞士犹太人”。

就因为他有犹太血统,因为他强烈反对军国主义,所以成了德国反动势力的眼中钉。他们采用最卑劣的手段,使用最恶毒的语言诋毁相对论和爱因斯坦个人的声誉。

在爱因斯坦出访布拉格之前, 一伙德国民族主义分子和排犹分子就成立了一个机构,名曰“德国自然哲学家促进会”,实际上是一个“反相对论公司”。

该会的唯一宗旨,就是要搞臭相对论,搞臭爱因斯坦。它的幕后操纵人是柏林的勒纳德教授。此人也是一位物理学家,但政治上反动,而且有很大的能量,在爱因斯坦发表狭义相对论那年,他曾获得诺贝尔奖,因此颇有一群追随者。

1920 年夏天,反爱因斯坦同盟打着“促进会”的幌子,在柏林大张广告,宣布要在全德国范围召开 20 多次声讨相对论的大会。

首次反相对论大会,于 8 月 24 日在柏林音乐厅举行,还邀请爱因斯坦出席。爱因斯坦接到请帖,在普朗克的得意弟子劳厄的陪同下泰然赴会。他坐在自己的包厢里,静静听着从讲台上发出的诋毁相对论的鼓噪。

“据我们所知,发明相对论的人并不是我们日耳曼人!”

“对的，不是！他是犹太人！”场内的人跟着大叫大嚷。

听见这些叫嚣，劳厄气愤得双眉紧蹙，满脸通红。爱因斯坦却神情自若，对这一幕丑剧报以怜悯的微笑。

“全世界都在吹捧相对论，简直把它吹上了天！德国的报纸也跟着起哄，什么弯曲空间、宇宙有限，纯系小丑跳梁，一派胡言。”演说者在继续声讨。

劳厄愤怒地骂了一句：“无耻之极！”

爱因斯坦却忍不住哈哈大笑，并和听众一道鼓起掌来：“‘小丑跳梁，一派胡言’，说得太妙了。”

忽然，一个年轻的听众发现了爱因斯坦，他指着包厢大喊：“他在那里，爱因斯坦！”

场内的喧闹戛然而止，几百双视线一齐射向爱因斯坦。这一刹那的静场，空气仿佛突然凝固了。同盟的神情就像望见了一棵橡树，泰然地屹立在高坡上，任凭狂风翻卷，它自岿然不动。

一只蚍蜉疯狂地跳起来吼道：“绞死臭犹太！”“促进会”反相对论的真面目昭然若揭。

这一出丑恶的闹剧，引起了许多正义的德国科学家的愤慨。第二天，柏林各大报纸都刊登了劳厄和另外两位著名学者的声明。声明中写道：

“凡有幸和爱因斯坦接触的人都知道，在尊重他人的价值上，在为人的谦虚上，在对一切虚荣的厌恶上，从来没有人超过他……”

柏林科学界也被震动了。社会上流传着爱因斯坦即将离开德国的猜测。

德国物理学会主席索末菲教授特地写信给爱因斯坦表示声援，并在信中婉劝他道：“您可不能离开德国！您的全部工作都扎根在德国（以及荷兰）的科学中了，哪里都没有德国这样深切理解您的工作。德国现在各方面都受到难以形容的歧视，它同样不能漠然地看您离去。”

爱因斯坦从大局出发，接受了朋友们的意见。

但是论战并没有停止。一个月之后，一年一度的“德国自然科学家和医生协会”年会在瑙海姆温泉举行。在会上，勒纳德教授走到前台，与爱因斯坦进行了一场有关相对论的公开辩论。这是一场世界级的拳击赛，赛台四周的看客，全是德国的第一流学者。沉稳老练的普朗克教授当裁判长，他的心自然是向着爱因斯坦的。

如果说柏林音乐厅的反相对论大会是一场滑稽剧的话，这一次温泉辩论则是一场实力的较量。勒纳德是物理学界的一位重量级人物、诺贝尔物理奖获得者，他对相对论提出的每一个质疑都是一回杀手锏，出招又狠又重。不过，真理是拳头打不倒的。爱因斯坦沉着应战，巧妙出击，最后把勒纳德杀得人仰马翻。

勒纳德和几个追随者灰溜溜地离开了瑙海姆温泉，但他们并没有就此罢休。他们心中诅咒道，德国迟早有一天会容不下爱因斯坦的。

爱因斯坦从英国归来，发现德国确实在变，社会动荡不安，危机四伏。大街上穿褐色衫的“突击队”队员越来越多，这是纳粹党徒的标志。希特勒正在啤酒馆里和兄弟们商量要夺取全国政权。恐怖笼罩着柏林，经常有无辜的人遭到杀害，或者不明不白地失踪。

艾尔莎担心爱因斯坦的安全。

“阿尔伯特，不要独个儿出去呀！”

爱因斯坦只是笑一下，照常每天一个人穿过菩提大道到柏林大学去讲课。他还没有意识到魔影已经悄悄张开了翅膀。

1922 年 6 月 22 日，著名政治活动家、爱因斯坦的朋友拉特诺突然被暗杀了。拉特诺是一名工程师，德国犹太人，战时是德国实施经济计划的重要人物，战后出任社会民主党内阁的外交部长。这是纳粹党徒不能容忍的。他们吼叫道：“什么？犹太人居然当外交部长！让他见上帝去吧。”

于是，拉特诺成了反犹太主义的第一个牺牲品。

有消息传出来，纳粹黑名单上的下一个目标就是爱因斯坦。

艾尔莎整天提心吊胆，为丈夫的安危捏着一把汗："亲爱的，你可千万要当心啊！"

爱因斯坦愤懑地写信告诉索洛文："在骇人听闻地杀害了拉特诺之后，这里到处潜伏着危险。既然人们已不断地向我发出警告，我只好暂时中止讲课，并回避在公开场合露面，但我仍在柏林。排犹太主义十分猖獗。"

世界也关注着这位伟人的安危。许多国家发来请帖，邀请他去做教授或做短期访问。艾尔莎和女儿们在这种时候都竭力劝他接受邀请，以避避风险。

于是，爱因斯坦怀着一颗游子之心，开始了他的远东之行。

诺贝尔物理学奖

nuobeierwulixuejiang

爱因斯坦站在甲板上，凭栏远眺。大海无边无际，万浪逐波，海鸥在船尾上空嘤嘤地叫着。海风轻拂着他的一头乱发，他伸开双臂，深深吸了一口带着咸味的空气，觉得心胸舒坦多了。艾尔莎把一件风雨衣给他披在身上，脸上露着微笑。

爱因斯坦夫妇这次是应日本的邀请去访问的。日本东京改造出版社将出版《爱因斯坦论文集》，特请他们参加庆祝仪式。这是爱因斯坦的第一部论文集，不是用德文，而是用日文出版，本身是意味深长的。爱因斯坦很受感动。他们在途中还将在中国作短暂停留。迷人的东方文明，一直吸引着爱因斯坦。这次能有机会亲自去看看，他感到很高兴。

"阿尔伯特，快看！"艾尔莎惊喜地叫起来。

顺着她手指的方向，在水天一色的地方，出现了一片大陆。啊，龙的故乡到了！

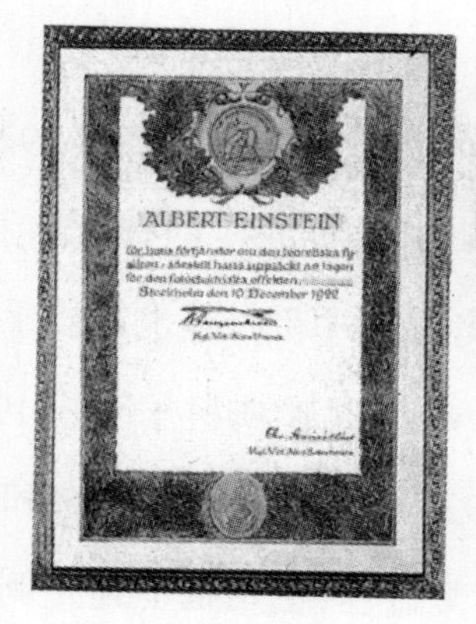

爱因斯坦获得的 1921 年诺贝尔物理学奖章和证书

爱因斯坦夫妇乘坐的“北野丸号”邮轮缓缓驶入黄浦江。码头上早已等候着欢迎的人群，有德国领事馆总领事、中国学术界人士和青年学生代表，场面非常热烈，充满了节日的气氛。这一天是 1922 年 11 月 14 日。就在四天前，瑞典皇家学会宣布把 1921 年的诺贝尔物理学奖授给爱因斯坦，当时“北野丸号”邮轮正在大海中航行。

爱因斯坦在夫人的陪同下刚刚走下邮轮，就被欢迎的人群所包围。大家争着伸出手来，祝贺他荣获诺贝尔物理学奖。一群年轻的中国学生欢呼着把他抬起来抛向空中。

这确实是值得庆贺的时刻。

诺贝尔物理学奖是世界最高的科学荣誉。诺贝尔是瑞典著名的化学家，因发明硝化甘油炸药获得专利，后来成为巨富。诺贝尔因潜心科研，终身未娶。他的遗嘱规定，死后把大部分财产献给瑞典科学院作为奖励基金，每年将这笔巨款的利息作为奖金，奖励世界各国对物理、化学、医学、文学以及和平事业有卓越贡献的人。

诺贝尔奖从 1901 年开始，每年颁发一次。先后获得诺贝尔物理学奖的科学家，有伦琴、洛仑兹、居里夫妇、汤姆逊、维恩、迈克尔逊、普朗克、劳厄等，其中不少人是爱因斯坦的朋友和同行。普朗克是 1918 年被授予诺贝尔物理学奖的，获奖原因是创立量子论。劳厄获奖时间还要早些，是 1914 年，获奖原因是发现 X 射线在晶体中的衍射。

爱因斯坦获诺贝尔物理学奖的确是当之无愧的。1905 年他发表的三篇论文，每一篇都够格得诺贝尔奖，1915 年他完成的广义相对论论文，应该更不在话下。

读者一定会觉得奇怪：为什么直到1921年爱因斯坦才获得诺贝尔奖呢？莫非瑞典科学院那些评委老先生们打瞌睡了？

而且，这次授奖的方式和内容也是异乎寻常的。授予爱因斯坦的是1921年的诺贝尔物理学奖，可是瑞典科学院到1922年11月才宣布它的决定，而爱因斯坦实际上到1923年4月才收到奖金和奖状（由瑞典驻柏林大使交给他）。这种马拉松式的授奖过程，也是找不到先例的。评奖委员会的措词更为奇特：

> 瑞典皇家学会根据1895年11月27日诺贝尔遗嘱的规定，于1922年11月9日开会决定：无论（在最后证实以后）相对论与引力理论有何价值，将1921年的奖金授予在物理学领域内作出重要发现或贡献的爱因斯坦，他在理论物理领域建立了很大的功绩，特别是发现了有关光电效应的定律。

这太有意思了。事实上，光电效应只是爱因斯坦1905年的第一篇论文中的一个小标题！瑞典科学院只奖励了十个指头中的一个小指头，而把相对论这样的“大拇指”撇到一边去了。

其中的原因有两个。一是诺贝尔的遗嘱中指明，奖金授予在规定学科任何一项上对人类提供最大利益的人，这个规定限制了获奖内容。自1901年以来历年获得诺贝尔物理奖的，都是有关实验物理学的发现，其中有一些很难说与科学有什么直接联系。例如1908年将奖金授给法国人利普曼，他的成就是发明彩色相片复制法；1912年获奖的瑞典人达伦，只是因为发明了海岸灯光自动调节器。评奖委员会对于授奖给理论性的研究成果，尤其是带有较强的推测性的，一般都很审慎。他们认为相对论属于这种情况。除此以外，还有一个更直接的原因，就是相对论因为革命性太强，遭到了一些保守的物理学家的强烈反对。勒纳德之流甚至扬言，如果瑞典科学院把奖金授给相对论的创立者，他就要退回诺贝尔奖金。为了避免麻烦，评奖委员会的大师们迟疑了许久，绞尽脑汁，最终才想出这个绝招：以光电效应定律的名义，将奖金授予爱因斯坦。

这飞来的喜讯，并没有使爱因斯坦受宠若惊，他的成就早已得到公认。没有诺贝尔奖，爱因斯坦照样是爱因斯坦；而没有爱因斯坦，诺贝尔物理学奖将大为减色。那笔丰厚的奖金，他后来全部寄给了前妻米列娃，作为她和两个孩子的赡养费。这是当初离婚时的约定。

爱因斯坦夫妇在上海只逗留了两日。中国人的勤劳和贫穷给他留下了深刻的印象。面黄肌瘦的老人拉着黄包车满街奔跑，车上坐的却是肥胖的白人。这种情景他在印度也遇到过，但他宁愿步行走很远的路去看热带美景，也决不坐人力车。

他曾对朋友说："自己坐在车上让别人来拉，那简直是把人当畜生看待。"他不明白，为什么东方文明古国会这么穷？世界到处都存在着不平等。对于劳苦大众，爱因斯坦寄予了深切的同情。

"北野丸号"邮轮几天之后抵达日本。爱因斯坦访问日本之事，是英国著名哲学家罗素推荐的。1921年罗素出访日本时，改造出版社的女社长山本幸子向他询问，谁是当今世界上最杰出的人物，以便邀请来访。罗素说了两个人的名字，一个是列宁，另一个是爱因斯坦。由于列宁正忙于革命，所以出版社决定邀请爱因斯坦。爱因斯坦夫妇到达日本后，受到日本朝野人士和天皇的礼遇。他在日本作了几次相对论的演讲，并为《爱因斯坦论文集》日文版第二卷写了序言。在东道主的精心安排下，爱因斯坦夫妇还出席了东京的菊花节，观看了日本能剧。接下来，游览了名古屋和京都等地的名胜。日本的风情和民风，给爱因斯坦留下了难忘的印象。

在回国途中，爱因斯坦夫妇顺道访问了巴勒斯坦和西班牙。所到之处，都

受到隆重的欢迎。在巴勒斯坦，他参观了即将竣工的希伯来大学。那是他同魏茨曼美国之行结出的硕果。在西班牙，爱因斯坦参观了皇宫，并被推选为皇家科学院院士。为了表示敬意，西班牙马德里大学校长特意将名誉博士学位授予爱因斯坦夫妇。艾尔莎是一个朴素的德国主妇，她第一次被授予名誉博士学位，感到非常新奇和快活，一连高兴了好几天。在东道主举行的一次隆重的典礼席上，西班牙教育部部长告诉爱因斯坦："如果教授和夫人不愿意住在德国，我们西班牙随时都准备着一栋新房子，等候你们的光临。"

除了德国，全世界都欢迎他。但是爱因斯坦的心仍然留在柏林，他还是决定回去。那里是他的祖国，那里有他的家园、朋友和事业。

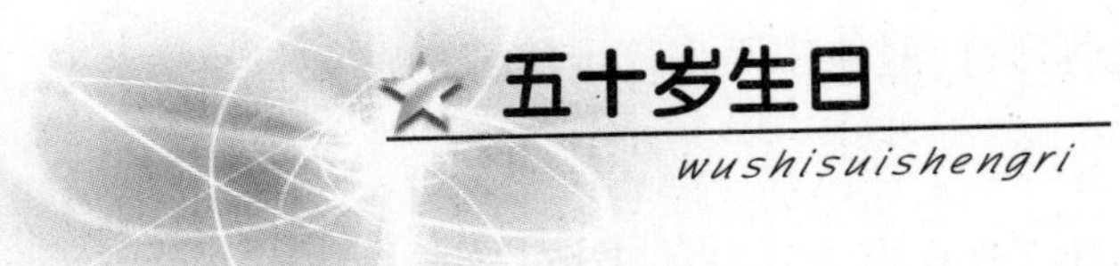

五十岁生日

wushisuishengri

1929 年的春天来到了。菩提大道两旁的树枝，依稀透出了新绿。

3 月 14 日是爱因斯坦的生日，是他的五十大寿。朋友们都张罗着要为他庆寿，新闻记者和他的许多仰慕者更是提前忙碌起来，准备在他生日那天，来个花团锦簇的大庆祝。

爱因斯坦生性淡泊，不喜欢讲排场，他只希望过一个简朴而温馨的生日就够了，因此婉谢了朋友们的好意。新闻记者和那些成百上千的贺客可不好对付，想来想去，爱因斯坦采纳了一位朋友的建议，决定来个"金蝉脱壳"之计。

在生日的前几天，爱因斯坦悄悄搬到柏林郊区，躲进朋友的一栋湖滨小楼里。艾尔莎留在哈伯兰大街 5 号家里应酬来客。这是一个很难得的机会，能够在美丽的湖畔过几天宁静的隐居生活，爱因斯坦觉得很惬意。

这下可苦了夫人。由于外界不知内情，为了庆贺这位本世纪科学伟人的五十诞辰，他们积极地进行着筹备工作，每天有很多信件和客人来访。来客见不到爱因斯坦的影子,感到奇怪,一窝蜂地询问夫人。

“爱因斯坦教授怎么不见了?”

艾尔莎起先还搪塞几句,后来招架不住了,索性笑而不语。

这么一来,“金蝉脱壳”就露馅了。消息传出来,柏林市民为之哗然。

爱因斯坦的秘书杜卡斯女士，只好一次又一次地向来访的客人解释道:“爱因斯坦教授已于几日前到郊外某处避寿去了,至于他的去处,我们都不清楚,恕难奉告。”

有杜卡斯挡驾,艾尔莎就可以光荣地撤离了。生日这天,她带着许多特意做的菜肴赶到湖畔,女儿女婿们也带着事先准备好的礼物来了。一家人在湖畔的小楼里团聚,高高兴兴地举行了一次家宴,为爱因斯坦庆贺生日。

餐桌上烛光融融,气氛幸福温馨。爱因斯坦觉得这一天过得非常愉快。吃完饭后,大家围坐在沙发旁,谈论着最近几天的趣事。

“能够不受打扰地过一个轻松的生日,真快活!”爱因斯坦靠在沙发上点燃烟斗说。

他刚说完话,门外就响起了敲门声。

“谁会知道这里呢?”大家都愣住了。艾尔莎站起身来,有些不安地前去开门。

“哎,是谁来啦?”

推门进来的,是一家美国报纸驻柏林的记者,脖子上挂着相机,一脸的机灵劲。

爱因斯坦无可奈何地摇摇头嘟囔道:“你的嗅觉真灵啊!”

这位记者还算识趣,立即意识到自己来得不是时候,一语未发,行了一个礼便退了出去。

在哈伯兰大街5号的寓所里,祝贺生日的礼物堆成了一座小山。送礼人的名单,上自总统、勋爵,下至平民百姓、青年学生,有认识的人,也有不认识的。

从世界各国寄来的生日卡、贺电和信件,把几个箱子盛得满满的。

美国一个犹太团体来函说,他们已经决定在巴勒斯坦购买一块土地,在爱因斯坦生日那天种下一片小树，待树木长大成林后，就命名为“爱因斯坦森林”。

“这可是一个好主意呀！”艾尔莎夫人高兴地叫道。

柏林大学研究生院的学生们来信说,他们知道爱因斯坦喜欢划船,于是决定联名送给他一艘快艇。

“这个礼物我倒是喜欢,可是……我们家装不下呀!”爱因斯坦看了信诙谐地笑道。

此后,爱因斯坦在柏林近郊距哈费尔湖不远的卡普特别墅住了三个夏天。德国纳粹的褐色风暴席卷而来,厄运终于降临了。

KEXUE JUREN DE GUSHI

风雨中的泰斗

最后一瞥

zuihouyipie

1932年，希特勒羽翼丰满，德国纳粹党一跃而成为国会的第一大党。柏林上空阴云密布，一场疯狂的政治风暴即将来临。

这一年的秋天显得格外燥热，也格外萧森，枯黄的树叶仿佛被热风烤焦似的，一片褐色，空气中笼罩着一种不祥的气氛。

秋末的一天，爱因斯坦打点好行装，同夫人艾尔莎一起走出卡普特别墅。他们即将离开这里，去美国加利福尼亚州。这是一次例行的出访，应加州理工学院院长密立根的邀请，爱因斯坦每年冬季都要去讲学一次。但不知为什么，这一次出访，爱因斯坦心里有一种不祥的预感。

爱因斯坦回首眺望，别墅的屋顶在一片枯枝中凸现出来。

"艾尔莎，你再多看几眼别墅吧！"他凄然地说。

"这是为什么呀？"艾尔莎不解其意。

"也许这是你最后一次看这房子。"

"看你说的！我们有不是不回来了。"艾尔莎笑道。

"你还是再多看一眼吧！"

艾尔莎感觉到爱因斯坦的话中有一种特别的语气。他们驻足回眸。卡普特别墅沐浴着晨曦，显得格外清新秀丽。她察觉到，爱因斯坦的脸上在霎那间露出一种惜别之情。

是啊，卡普特别墅是他们愉快的家园，劳厄等一些朋友常来这里聚会。爱因斯坦同他们一起驾着小艇在湖上荡漾，常常乐而忘返。印度大诗人泰戈尔也来这里做过客。他比爱因斯坦大18岁，穿着一件发亮的丝绸衣服，俊逸的脸上飘着银色的长须。他们坐在别墅的花园里，一边品着中国的绿茶，一边亲昵地谈着宇宙、宗教、艺术和人类的未来……

一群飞鸟从树枝上腾起，盘旋着消失在蓝天里。艾尔莎的眸子里闪出了泪光。

“我们走吧！”爱因斯坦转过脸说道。

他们沿着石阶下来，一辆汽车已经等在门口。几分钟后，他们乘车离开了卡普特。

爱因斯坦的预感应验了。他们和这栋湖滨别墅告别后，再也没有回来过。

爱因斯坦夫妇搭乘的邮轮横渡大西洋，穿过巴拿马运河，抵达美国西海岸加利福尼亚。这是爱因斯坦最后一次到加州理工学院讲学，他很珍惜这段时间。除了讲授相对论，他还同这里的同行们一起进行研究工作。离此不远的威尔逊山顶上，有一架巨大的天文望远镜，直径达100英寸，是当时世界上最大的望远镜。爱因斯坦也常去那里，同天文学家们研讨宇宙和引力场问题。

当爱因斯坦在加利福尼亚进行平静的学术研究时，德国的政局却发生着急剧的变化。

爱因斯坦和夫人艾尔莎抵达美国加州访问

1933年1月30日，迫于纳粹党和社会危机的压力，86岁的德国总统兴登堡元帅任命希特勒为总理。德国历史上揭开了最黑暗的一页。

这时候，纳粹党虽然是德国国会的第一大党，但在国会的607个议席中，只占230席。希特勒一上台，立即解散了国会，宣布于3月5

日重新大选。

2月27日，在国会大选一周之前，纳粹头目戈林策划了臭名昭著的“国会纵火案”。他派冲锋队员从暖气道潜入国会大厦纵火，然后嫁祸于德国共产党。24小时之内，纳粹在全国逮捕了共产党员和进步人士上万人。几天后，大选结果出笼，纳粹党完全控制了国会。

紧接着，纳粹党在全国范围内开始了对犹太人大规模的迫害。他们宣称“德国是德国人的”，“犹太人是腐蚀德国的蠹虫，必须给予无情打击”。爱因斯坦成了他们首先攻击的目标。希特勒上台不久就宣布相对论是“犹太邪说”。柏林的报纸也公开点名，称爱因斯坦为“犹太国际阴谋家”。这时候，爱因斯坦正在加利福尼亚。他作出的第一个反应，是通过普鲁士科学院取消了原定从加州回柏林后的学术演讲。

几天后，爱因斯坦夫妇乘火车到达纽约。

在旅馆里，爱因斯坦接受了《纽约世界电讯报》记者的采访，公开声明说：“德国现状既然如此，我再也不踏上德国的土地了。”

几天后，爱因斯坦和艾尔莎搭上开往欧洲的客轮。他们的目的地是比利时的海边小城安特卫普港。爱因斯坦将去那里避难。

轮船在大西洋航行途中，无线电传来令人震惊的消息：爱因斯坦在卡普特的别墅被抄，他的家乡乌尔姆的爱因斯坦大街也改换了名字……希特勒的魔掌伸向了这位举世闻名的大科学家。

褐色恐怖

hesekongbu

历史有着惊人的相似。德国又变成了一座大兵营，而且变得比威廉帝国时更疯狂。大街上插满了纳粹党的□字旗，身穿褐色制服、臂戴□字臂章的冲锋队员高唱着法西斯歌曲，在菩提大道上阔步行进，成千上万名被纳粹蛊惑的青年举着火炬游行，狂热地高呼“希特勒万岁”。

3月21日，希特勒担任总理后的第一次国会，在柏林郊外的波茨坦教堂举行开幕仪式。

会场里，挂满了18世纪以来德意志帝国的各种军旗，就在这里，面带得意之色的希特勒发表了他那所谓的《波茨坦宣言》：“本人要求撤销《凡尔赛条约》对德国的任何责任条款。”他狂叫着要为统一德国、消灭国贼而努力。

两天后，国会以441票对84票的压倒多数，通过了“授权法”。于是希特勒掌握了完全独裁的权力，国会名存实亡。从这天开始，德意志共和国消失了，取而代之的是一个法西斯独裁国家。

对犹太人的迫害，随之也升级了。所有的犹太医生被禁止开业，犹太人的法官和律师被赶出法院，犹太人商店接连遭到暴徒的袭击。

作为犹太人的优秀代表，爱因斯坦成了纳粹党迫害的最大目标。他们宣布爱因斯坦犯了“知识叛逆罪”。一群纳粹冲锋队员洗劫了卡普特别墅。他们翻箱倒柜，搜遍了整栋房子，想找出爱因斯坦“谋反”的证据，结果只在厨房里找到一把切面包的小刀。他们把这把小刀当做“危险的武器”没收了，并在报纸上大肆宣扬。

3月28日，爱因斯坦夫妇搭乘的客轮驶入安特卫普港，受到比利时官员和许多学者的欢迎。他们是作为比利时国王和王后的客人来比利时避难的。

到达比利时的第一件事，就是立即挂电话到柏林寓所。爱因斯坦夫妇很担心亲人们的安全。接电话的是他们的女佣人，她说大女儿已逃到荷兰，二女儿同俄国丈夫也已离开柏林，到法国避难去了。他们心中的一块巨石才算落了地。爱因斯坦从电话里还获知，他在银行里的存款被全部没收，理由是这笔钱要用来支持“共产党暴动”的。

纳粹摧毁了爱因斯坦在德国的一切，包括他为整个人类创造的精神财富。

手举纳粹党旗的党卫军

在柏林国家歌剧院的广场上，他的相对论著作被当众焚烧。同时扔进火中的，还有马克思的《资本论》、杰克·伦敦和左拉的小说以及其他大量进步的文化典籍。一群戴着 □ 字臂章的狂徒围着冲天大火欢呼，火舌吞噬着人类智慧和文明的精华，留下的是一片灰烬。

在这浩劫的时刻，爱因斯坦倚窗东望，只能默默念着一位诗人的诗句：

当我想起故乡，痛苦的心灵啊，
在夜晚的时分，总是不得平静。

怀着沉重和愤慨的心情，爱因斯坦写信通知普鲁士科学院，鉴于德国的局势变得已经令人不堪忍受，他决定辞去院士的职务。

爱因斯坦这样做，预示着自己将被开除。不过，即使他不采取这一行动，在纳粹教育部部长的干涉下，他也会被科学院除名的。而当时的科学院院长，正是他敬重的普朗克教授。

本来爱因斯坦就是普朗克和能斯特从瑞士邀请来柏林的，如今要普朗克开口叫他退出科学院，将是一件非常难过而又尴尬的事。为了不让朋友为难，爱因斯坦自己提出了辞呈。

普朗克为了缓和纳粹对犹太科学家的迫害，多方奔走。但是希特勒根本不理会，他训斥普朗克道："你以为我的神经有时会脆弱吗？不，我的神经有如钢铁。我绝不可能为这点小事，而忘掉伟大的目标。"

爱因斯坦提出辞呈时，普朗克正在赴意大利的旅途中。他闻讯后没能及时赶回柏林，于是，普鲁士科学院由一位"饭桶"法学家主持开会。能斯特博士在会上大声疾呼："我们怎么能以'不够德国化'的理由，将院士里最伟大的科学家除名呢？我们一直以达朗贝尔、伏尔泰曾经是普鲁士皇家学会会员为荣，但他们并不是德国人，而是法国人呀！"

劳厄也挺身而出，为爱因斯坦伸张正义："后世会怎么批评我们呢？如果要开除爱因斯坦，我们只能被称为'屈服于权力之下的懦夫'！"

尽管能斯特和劳厄一再坚持，但终因寡不敌众，在纳粹教育部的授意和压力下，科学院于 4 月 1 日发表了如下声明："普鲁士科学院获悉爱因斯坦在法国和美国参与不轨行动的新闻报道后，甚感愤慨……本院对于煽动分子爱因斯坦在外国的活动颇感困扰。因此，对于爱因斯坦自动申请退出科学院，本院丝毫不感到遗憾。"

劳厄在 20 年后感慨地写道："这个可耻的声明至今犹使任何一个德国人因羞愧而脸红。"

普朗克在罗马见到这个声明后，良心上感到很大的不安。如果他在柏林，情况也许不至于这样糟。不过，即使他在柏林主持会议，大局也改不过来。这位老教授在给朋友的信中，沉痛地写道："尽管无底的深渊在政治上把我们同爱因斯坦分开了，但是我深信，爱因斯坦的名字将作为柏林科学院最光辉的名字之一受到未来历史的尊敬。"

就这样，爱因斯坦这个伟大的名字从普鲁士科学院的名单上抹掉了。他再也没有踏上德国的领土。

悬 赏

xuanshang

爱因斯坦隐居在比利时的一个海滨避暑地，这里离奥斯坦德镇很近。他们住的别墅靠近一个很大的沙滩，附近有个小村庄。海滩上，常有小孩拾贝壳，捉螃蟹玩，还有一些穿着鲜艳泳装的女郎，躺在沙滩上日光浴。

爱因斯坦常在海滩上漫步。海风吹拂着他那灰白的长发，看上去就像一位遨游世界的先哲。他仍旧在思考着物理学，有时也拉拉小提琴消遣。但是艾尔莎和朋友们却越来越感觉到，爱因斯坦的安全正受到威胁。

从柏林传来消息，纳粹悬赏两万马克要索取爱因斯坦的脑袋。

爱因斯坦摸着自己的脖子苦笑道："想不到我的脑袋竟值这么多钱！"

艾尔莎夫人却吓坏了。比利时离德国非常近，纳粹分子疯狂成性，什么坏事都能干出来。

"阿尔伯特，我们还是尽早到英国去吧！"夫人催促他道。正好这时有位英国朋友邀请爱因斯坦去小住一段时间，爱因斯坦已回信道了谢，只是起程的日期还未定下来。

爱因斯坦还有几件事情要办。其中一件事涉及两位因拒绝入伍而被关进牢房的比利时青年，一位法国青年来信向爱因斯坦求助，希望他能向比利时政府说情，释放那两个人。

爱因斯坦一向是一个和平主义者。他曾经说过：只要有 2%的人拒绝服兵役，仗就打不起来，因为政府不可能把那么多人投进监狱。那两个比利时青年，就是响应他的号召拒绝服兵役的。

但是这一次爱因斯坦的思想发生了根本性的改变，柏林街头的血与火教育了他。他看到了纳粹的“褐色恐怖”正给整个欧洲，甚至全世界带来的威胁。在这种形势下，保卫祖国以抵抗德国的侵略，是每一个比利时青年的神圣职责。

于是，爱因斯坦在报纸上发表了给那位法国青年的公开信：

> 如果我是比利时人，在目前情况下，我决不会拒绝服兵役，相反，我将欣然报名去参军。我相信，这将有助于拯救欧洲的文明。

他的这个声明轰动了全世界。五年后爱因斯坦的预见不幸成为事实：希特勒发动了第二次世界大战。

为了保护爱因斯坦的安全，比利时国王派了两名警卫，形影不离地跟随在他左右。

有一天，有个行踪怪异的青年闯进了警戒圈，他再三要求要见爱因斯坦，说有特别重要的事相告。警卫弄清了他的身份，原来是从德国叛逃出来的冲锋队员。

“我带来了你们喜欢的东西。”

“是什么东西呀？”

“这是纳粹的秘密文件，我冒着生命危险把它带出来的。所以，我至少应该得到5万法郎的报酬。”

艾尔莎夫人听了感到莫名其妙。

“我丈夫并不需要这些文件呀。”

“不过，这些可是非常宝贵的情报！”那叛逃的冲锋队员坚持说。

“你为什么专程把它带到这里来呢？”

“这还用问。爱因斯坦先生是反对纳粹的领袖呀！”那名青年理直气壮地说。

在闹了这么一场笑话后不久,爱因斯坦的老朋友法兰克教授来探望他。法兰克在由伦敦返国途中,获知爱因斯坦在比利时,便跑到奥斯坦德附近到处打听他的住址。虽然警方曾严令四周居民不得透露爱因斯坦的行踪,但憨厚的法兰克居然还是找到了那栋别墅。

爱因斯坦见到法兰克非常高兴。当他知道比利时警方对他采取的保护措施竟未奏效时,不禁哈哈大笑。

“阿尔伯特,我们还是搭船去英国吧!”艾尔莎夫人不安地劝道。

“是呀,我看你在这里不便久留。”法兰克教授也很关心他的安全。

爱因斯坦被说服了,终于决定离开比利时。

一个漆黑的夜晚,爱因斯坦夫妇从欧洲东海岸一个秘密地点搭上船,悄悄地渡过了多佛海峡。

英国对爱因斯坦表示了崇高的敬意,他们像欢迎一位反法西斯英雄一样迎接他。不同的是,爱因斯坦这一次仿佛成了反谍片中的主角,他和夫人一到伦敦,警方就采取了严密的保安措施。在他们下榻的公馆外面,埋伏了许多警卫人员。爱因斯坦的身边,随时都有保镖跟随。因为就在爱因斯坦抵英前不久,有个与他同在一张黑名单上的犹太学者被纳粹暗杀了,所以英国政府采取了谨慎措施。

爱因斯坦在英国短暂停留期间,参观了国会。他还出席了一次民间欢迎集会,当他走上台演讲时,有一万听众起立向他致敬。

几天以后,爱因斯坦搭上了开往美国的“西部号”客轮。与他同行的,除了夫人艾尔莎,还有助手梅厄博士和秘书杜卡斯女士。

这是一次秘密的旅程,码头上没有新闻记者的采访,也没有欢送的人群。爱因斯坦登上客轮,打趣地对夫人说:“看来我应该向纳粹道谢,没有他们的通缉,我还不可能这样悠闲地离开一个地方。”

爱因斯坦就这样离别了他深深眷恋的欧洲,这一去,他再也没有回来过。

十天后,“西部号”客轮驶入纽约港。船还没有靠近码头,爱因斯坦就换乘一条小艇驶到岸边登陆,然后乘汽车不声不响地直驶普林斯顿。历史记下了这一天:1933 年 10 月 17 日。

爱因斯坦到达目的地后获知的第一个消息，就是纳粹已经没收了他的全部财产,包括卡普特别墅和他喜爱的那艘小游艇。

普林斯顿

pulinsidun

普林斯顿这座宁静的大学城,因为爱因斯坦的到来大为增辉。正如一位著名的物理学家所说的那样:“当代物理学之父迁到了美国，现在美国成为世界物理学的中心了。”普林斯顿从此成了科学圣地。

爱因斯坦为什么选中了普林斯顿这座小城呢？这其中有一段渊源。

美国有位教育家名叫弗莱克斯纳,他对美国的教育现状十分不满,经过多年考察,在他 40 岁时写了一本名为《论美国、英国及德国的大学教育》的专著。这本书把美国大学的缺点批评得体无完肤,发行之后颇有些影响。

一天，弗莱克斯纳接到一个素不相识的人打来的电话:“你的书给我留下了难忘的印象。假如有个好机会,你能办一所比现在更好的大学吗？”

“我想我能够……不过,这和你有什么关系呢？”

“我准备捐出几百万元,请你办一所教育机构。”

打这个电话的人，是一位叫路易·潘巴加的富翁。他和妹妹两人捐献了 500 万美元。于是,弗莱克斯纳在普林斯顿大学所在地创办了高等研究院。

普林斯顿高等研究院的宗旨,是给优秀的大学毕业生提供深造的机会,使他们在学术上能有更大的成就。另一方面,研究院将聘请各国最著名的学者来做指导教授,这些专家一面指导青年学者,一面又有充足的时间和很好的条件进行学术研究。

为此，弗莱克斯纳问物理学家：“世界上最伟大的理论物理学家是谁呢？”

他也问语言学家：“世界上最卓越的语言学家是谁呢？”

他又问历史学家：“世界上最好的历史学家是谁呢？”

他从历史学家和语言学家那里得到的回答都各不相同，但关于物理学方面，每一张名单上都写着相同的名字——爱因斯坦。

当时爱因斯坦正在加州理工学院讲学，于是他立即动身前往。为了保险起见，他先找加州理工学院院长密立根商量。

“像他这样著名的大学者，能请动吗？”

“不，教授挺乐意指导青年学生的。只是邀请他去的地方太多，你可先听听他的意见。”

弗莱克斯纳见到爱因斯坦，说明了来意。他们在校舍的走廊上边走边谈，爱因斯坦那高贵的气质、坦率和谦虚的态度很快把弗莱克斯纳迷住了。由于时间匆忙，这一次没有定下来。这是 1931 年秋天的事。

第二年初夏，爱因斯坦到英国牛津大学演讲。弗莱克斯纳专程赶到牛津，再一次向爱因斯坦提出邀请。他们在草坪上来回漫步，谈了好几个钟头。这时弗莱克斯纳才觉得有了希望，并且约定，在近期内他还要再去看一次爱因斯坦。

弗莱克斯纳来访那天，夏天还没有过去，但却有一点凉意，他穿得很厚，外面还有大衣。爱因斯坦却只穿一件夏季的薄绒衣，安然地坐在回廊上。

“对不起，我不脱大衣了。”客人说。

“你请便。”

“你不觉得冷吗？”客人问。

“不，我穿衣不是随气候，而是随季节。现在还是夏天呢。”主人说着笑了。

俗话说，精诚所至，金石为开。经过一番恳谈，弗莱克斯纳的诚意打动了主人。最后,爱因斯坦同意接受普林斯顿高等研究院终身教授的职务。

事情就这样决定了。

关于年薪问题,却让弗莱克斯纳伤了一阵脑筋。

“我看一年 3000 美元就够了。”爱因斯坦说。

“啊?这怎么行!”弗莱克斯纳大感惊讶。再说这么低的薪金也与高等研究院的地位不相称。

“如果你年薪这么少,其他教授的年薪也不得不减少了。”弗莱克斯纳说。

经过一番商量,最后才说定年薪为 1.6 万美元。

现在爱因斯坦来到普林斯顿,成了高等研究院第一名终身教授。在这里,他开始了新的生活和研究工作。

很快,爱因斯坦就成为普林斯顿的著名人物了。住在这个宁静的大学城的

爱因斯坦在普林斯顿梅塞街 112 号的家

居民，时常可以看到留着银白长发、满脸皱纹的老学者，安详地在街上散步。

起初，爱因斯坦在高等研究院附近租了一所住宅。后来他在梅赛尔街 112 号买了一座简朴的白色木房子。房子和卡普特别墅一样，算不上豪华，但富有艺术气息。房子后面有一座花园，小径两旁长满了紫藤花。

艾尔莎夫人把这座房子尽量布置得像在柏林一样。爱因斯坦书房设在二楼，和卧室相通。沿着书房的墙壁摆着书架，墙上挂着几幅从欧洲带来的画像，有物理学三位大师牛顿、法拉第、麦克斯韦，还有一张爱因斯坦母亲和妹妹玛雅的合照。站在书房的大窗户前，可以望见花园的景色。

普林斯顿的居民常常望着白楼说："那个房子就是爱因斯坦思考的地方。"

上帝不休息

shangdibuxiuxi

爱因斯坦终于找到了一块恬静的天地。他在普林斯顿一直生活、工作了 22 年。在冬季，他常常独自一人潜心于统一场论的研究工作，疲倦了就到户外散步，或者同邻居拉拉小提琴。每年盛夏时，他总要抽出时间，到河滨租一栋避暑寓所作泛舟之游。

偶尔有客人到家里或研究院大楼拜访。

爱因斯坦的办公室在数理楼里。这是一栋红砖红顶的哥特式建筑，周围点缀着各色各样的花木，环境幽静。

有一天，青年物理学家英费尔特来拜访他。英费尔特是一名波兰犹太人，爱因斯坦在德国时，曾帮助他进柏林大学学习。他这次来美国，是为了逃避纳粹迫害，专程投靠爱因斯坦的。

英费尔特敲了敲 209 号门——这里是爱因斯坦的研究室，从房里传出熟悉的声音："请进来。"

英费尔特推门进去，看见爱因斯坦就坐在那里，但比以前明显老了。他那宽阔的前额刻满深深的皱纹，散乱的头发也变白了，但他的笑容仍然带着一种智者的仁慈风度。

英费尔特心想久别相见，爱因斯坦一定会问些横渡大西洋的情形、波兰的近况、欧洲的现状等问题，不料，爱因斯坦一句寒暄话也没有。

“你会说德语吧？”爱因斯坦问。

“是的。”英费尔特点点头。

“那好，”爱因斯坦拿起粉笔走到黑板前说，“我告诉你我现在正在研究什么问题。”他用缓慢的语调讲述了自己正着力研究的统一场论工作。

不一会儿，门又被敲了几下。一位六十开外的瘦老头走了进来。这是意大利著名数学家勒维·齐维塔教授，刚来普林斯顿讲学不久。

勒维·齐维塔看见屋里有客人，用手做了个“打扰了”的姿势，准备退出去。这时，英费尔特急忙说：“我先走了，改日再来。”

爱因斯坦把他俩都留住了。“我们三人正好来讨论一下。”他兴致勃勃地说。

于是，英费尔特看见了一个绝妙的场面。

爱因斯坦不懂意大利语，勒维·齐维塔不懂德语，他俩只能改用英语交谈。爱因斯坦的英语纯系业余水平，他总共只会300个词汇，并且带着很浓的德国腔。勒维·齐维塔的英语程度更糟，不过他很善于用灵活的手势来弥补语言的不足。尽管如此，他们双方都能领会对方的意思，因为科学家还有一种独特的共同语言，那就是符号和公式。

两位学者的讨论，很像一出逗人乐的喜剧。

瘦小的勒维·齐维塔比手画脚，好像在跳舞。

爱因斯坦每讲几句就要用手提一提裤子，因为他没有用背带，裤子总往下滑。

看着两人的滑稽神态，英费尔特忍不住差点笑出声来。

但他转念一想，眼前这两人是世界上最有名的科学家，讨论的又是严肃而庄重的宇宙问题。就这样他们一直讨论到傍晚。

讨论结束后，爱因斯坦邀请英费尔特到家里小坐。一路上，爱因斯坦谈的全是物理学方面的事。

到了梅赛尔街 112 号，英费尔特被带到楼上的书房。从窗口望去，院子里一派斑斓的秋色。

“这里的景致美极了！”爱因斯坦对他说。

这是英费尔特一天里听到的第一句与物理学无关的话。接着，他们又继续讨论问题。

他们的讨论热烈，坦率，无拘无束，结果越谈越投机。到很晚时，英费尔特才起身告辞。

“明天是礼拜天，不知可不可以来打扰您？”他迟疑地问。

“礼拜天为什么不能来呢？”爱因斯坦诧异地说。

“我想您礼拜天恐怕要休息……”

爱因斯坦听罢，不禁大笑起来：“上帝礼拜天也不休息呀！”

这位世界科学泰斗，就是这样达观而又孜孜不倦地探讨着自然奥秘。英费尔特成了他得力的合作者和年轻的助手。在他所带的研究生中，还有一位来自中国的青年学者周培源。周培源教授 40 年后深情地回忆道：“他热情地关心我们青年人的工作，真诚地提出意见，同时也能虚心听取青年人对他的工作意见。虽然他当时在国际科学界负有最高的声誉，但他为人谦虚、淳朴，对人和蔼可亲，过着简朴的生活。”

1936 年的冬天来了，这个冬季格外冷。悲哀笼罩着梅赛尔街 112 号。在长时期的颠沛流离和劳累之后，艾尔莎夫人终于病倒了，病情很重。

爱因斯坦尽力地照料她，一楼全部用作病房。艾尔莎的生命在慢慢消失。

她实在太累了。

死神渐渐逼近。在弥留之际,艾尔莎还思念着祖国,思念着柏林,她握着丈夫的手,喃喃说道:“阿尔伯特……我不能……再陪你了……”

这年12月,夫人逝世了。她的遗体静悄悄地安葬在普林斯顿近郊的墓地。

夫人去世后几天,英费尔特去红楼办公室,爱因斯坦已在那里工作了。他的脸色苍白,额头上的沟壑明显地加深了,一头苍苍白发像是绕着一轮光环。这种时候,任何世俗的哀悼之词都是多余的。英费尔特走上前去,默默地握住他的手,没有说一句话。

接着,两人又开始继续研究宇宙的秘密。

KEXUE JUREN DE GUSHI

赤子之心

蘑菇云的悲剧

moguyundebeiju

爱因斯坦正潜心于建立“统一场论”时，物理学世界发生了巨大的变化。

1939 年元旦刚过不久，梅赛尔街 112 号来了位不速之客。

这人浓眉、阔嘴，有一张生动的橄榄球脸。他是丹麦最杰出的物理学家玻尔，比爱因斯坦小 6 岁，他们可以说是老熟人，也是老对手。从 20 年代末开始，为了量子力学的深层次解释问题，两人就争得相持不下。1922 年两人曾同时被授予前后两年的诺贝尔物理学奖。不过这次玻尔专程从欧洲赶到普林斯顿，不是来辩论的，而是向爱因斯坦报告一个重大信息。

“教授还记得梅特纳博士吗？”玻尔问。

“记得，我们威廉物理研究所的老小姐呀！她好吗？”

爱因斯坦眼前浮现出一位个子矮小、衣着朴素的女学者，她也是犹太人，多年来一直从事放射性元素研究，爱因斯坦在柏林时曾称赞她的成就不在居里夫人之下。

“她现在住在斯德哥尔摩，最近发现了原子的裂变！”玻尔说。

“原子裂变？这不太可能……”这个消息使爱因斯坦很惊讶。

爱因斯坦与玻尔

“这是千真万确的事。我的助手弗里施是她的侄子，在我动身前，他亲自打电话告诉我的……”

梅特纳在威廉研究所同哈恩、斯特拉斯曼两位物理学家合作，从事铀的研究。当实验进行到重要阶段时，梅特纳因为是犹太人而遭到纳粹党的迫害。1938年秋，她在朋友的帮助下逃亡到瑞典的斯德哥尔摩。据说希特勒听到她逃走的消息后大为震怒，因为她掌握了许多研究的秘密。

不久，哈恩和斯特拉斯曼发现，用中子轰击铀原子后产生了钡元素。哈恩对实验结果感到困惑，因为钡的原子量大约只有铀的一半，这是怎么回事呢？哈恩写信把这个情况告诉了在瑞典的梅特纳。聪明的梅特纳立即确信，这表明铀原子核在中子轰击下分裂成两半。更重要的是，她从实验结果中发现，每个铀核分裂的时候，质量减少了。按照爱因斯坦相对论的公式 $E=mc^2$ 计算，这意味着释放出了两亿电子伏特的能量！

这就是玻尔千里迢迢来找爱因斯坦的原因。

“如果原子裂变不断发生下去，产生连锁反应，那……”玻尔讷讷地说。

“那将有巨大的能量突然释放出来。”爱因斯坦接过他的话头说道，“铀核将发生大爆炸，产生惊人的破坏力！”

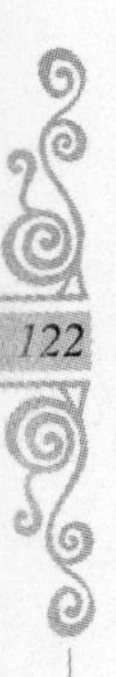

爱因斯坦是一位理论物理学家，他对核能的实际运用，一直抱着保留态度。就在几年前他还表示过，在短时期内根本不可能。

但是，玻尔带来的信息，使这位老学者陷入了沉思。$E=mc^2$ 这个公式果真具有如此大的威力啊！

注意到这个问题的严重性的，不仅有玻尔，还有刚逃来美国的物理学家费米教授和西拉德。西拉德是匈牙利物理学家，犹太人，在柏林当过爱因斯坦的学生，后逃亡到美国。费米是意大利人，他本人不是犹太人，但他的妻子是犹太人，因而同样遭到法西斯的迫害。他和西拉德同在哥伦比亚大学搞研究。获知玻尔带来的铀裂变消息后，两位物理学家立刻意识到裂变反应可以用于军事目的。

“假如希特勒根据这个发现，制造出有空前破坏力的原子弹，那后果将不堪设想。”费米忧心忡忡地说。

“如果让德国抢在前头,那就太可怕了!”西拉德也说。

费米教授专程去拜访美国海军部，他向海军军械部长陈述了这个利害关系,但没有引起那位迟钝的将军的重视。

不久之后,希特勒出兵侵占了捷克斯洛伐克,并且有消息传出,德国人首先采取的行动就是封锁了捷克所有铀矿的出口，这是德国知道铀的重大秘密的可靠迹象。

形势变得很紧急。怎么办呢?西拉德想到了爱因斯坦。只有像他这样德高望重的科学泰斗出来说话,才可能产生号召力。

这年7月,西拉德拜访了正在长岛避暑的爱因斯坦。

爱因斯坦听完他的陈述,很快明白了一切情况及其危险性,他同意出面帮忙。

于是,1939年8月2日爱因斯坦给美国总统罗斯福写了一封信。信是由

西拉德与爱因斯坦

西拉德起草的，爱因斯坦签署的名字。

信中写道：

总统阁下：

我看了费米、西拉德两位教授最新的研究报告。这使我确信，在不久的将来，可以用铀元素转换成新的重要能源。鉴于目前的世界情势，本人认为政府应当重视这个问题，如有必要，应采取果断的行动。

此一新发现，有可能使我们制造出一种新型的威力极大的炸弹。这种炸弹只需一枚，用船运到港口爆炸，就可以完全摧毁整个港口连同它周围的一切设施。

我得知，德国政府已经禁止从它占领的捷克斯洛伐克运出铀了。如果注意到德国外交部国务秘书的儿子魏扎克被任命参与柏林威廉研究所的工作，该所眼下正在进行着和美国相同的研究工作，就不难理解德国何以会有此举了。

您忠实的阿·爱因斯坦

一个月后，德军侵入波兰，第二次世界大战爆发了。又过了一个月，爱因斯坦的信才转到罗斯福的手中。

罗斯福经过慎重考虑，采纳了爱因斯坦的建议。总统立即动员美国的科学家，并拨了大量经费，投入原子弹的研制。这就是所谓的“曼哈顿计划”。

参加这一计划的科学家和要人，有萨克斯、费米、西拉德、维格纳、泰勒等。萨克斯是总统的私人顾问、经济学家，爱因斯坦的信就是由他转交罗斯福的。

1942 年 12 月，费米教授终于成功地实现了铀的链式反应。

紧接着，原子弹制造出来了。

爱因斯坦没有参加“曼哈顿计划”，他仍然一个人躲在普林斯顿的研究所里，研究着深奥的统一场理论。

1945 年夏天，第二次世界大战已经接近尾声，日本军国主义仍然负隅顽抗。8 月 6 日，美国 B-29 轰炸机在日本广岛投下一颗原子弹。轰隆一声巨响，天空中升起一团蘑菇云，一个巨大的火球放射出比一千个太阳还强的热和光，广岛顿时成为一片焦土！

两天以后，B-29 轰炸机又在长崎投下第二颗原子弹。

20 多万日本和平居民丧失了生命。

而在三个月前，德国法西斯已经宣布无条件投降。不可一世的希特勒在柏林的一个地下室自杀身亡。

广岛悲剧发生时，爱因斯坦正在萨兰那克湖畔的一座别墅里度假。惨讯传来，他只连喊了两声“唉、咳”。

那是发自肺腑深处的一声痛苦和绝望的呼叫。

他万万没有想到，自己发现的公式 $E=mc^2$，会给人类带来灾难。真是莫大的错误啊！西拉德过于担忧了，可自己为什么要签署那封信呢？爱因斯坦感到无限悲伤。从那时起，直到生命终止，他把所有时间和威望都奉献给为了使人类免遭核战争浩劫的事业。

孤独的巨匠

gududejujiang

1945 年，66 岁的爱因斯坦正式退休了。

在梅赛尔街 112 号家里，现在住着养女玛戈特、妹妹玛雅和秘书兼管家杜卡斯。玛雅是为了逃避纳粹的迫害，几年前从意大利逃来美国投奔哥哥的。她娴静、温和，声音和神态都和爱因斯坦极像。

爱因斯坦的生活，仍旧简单而朴素。年复一年，很少变化。

晚年的爱因斯坦

尽管退休了，他每天仍要到研究院办公室去几个小时。他喜欢步行着去，从来不坐汽车。从梅赛尔街到研究院，大约要走20分钟，风雨无阻。

普林斯顿的居民看见这位巨人时，都会从远处向他行注目礼。他穿着很随便的外套，人们觉得他的模样就像《圣经》里的先知一样，满脸刻着岁月留下的沟壑，头上飘着光环似的苍苍白发，慈爱的眼神里流露出对人类苦难的悲悯，那神情仿佛就像肩负着整个世界的重担。

他偶尔也同路边的熟人点头微笑一下，然后继续向前蹒跚而行，这时他更像一个性情和善的老手艺人。

随着年龄的增大，爱因斯坦的个人生活和他所选择的科学探索之路，也愈显得孤独。

他很少和普林斯顿的公众接触，谢绝了几乎所有的社交应酬，除了和年轻的助手讨论问题处，同普林斯顿大学及物理学界的同行只偶尔有交往。他喜欢独自一个人在书房里，口里衔着烟斗计算公式，写出一页页草稿；或者站在窗户前，俯视着花园里的秀丽景色，思考着宇宙永恒的秘密。靠墙的书架上陈列着许多世界名著，还有各地寄来的图书，扉页上都有作者恭题的签赠辞。爱因斯坦尤其喜欢读托尔斯泰的小说、泰戈尔的诗集，还喜欢朗诵甘地的自传。他的心和这些巨人是相通的：他们都有哲人的博大智慧和苦行僧超俗脱凡的品行；他们既拥有全世界，又摆脱不了孤独。也许伟人总是孤独的，因为他们站得太高，很少有人能和他们并肩交谈。

一位传记作家曾写道：

有一次，一家医院要聘请一位X光专家，有四个流亡的犹太人前去应征。想不到，这四个应征者每人口袋里都揣有爱因斯坦的介绍信，结果搞得医院也不知道爱因斯坦究竟推荐的是谁。

艾尔莎责备他说："你这太过分的亲切，不是反而把一片好意全勾销掉了吗？"

爱因斯坦却有他的道理："我推荐的理由是各不相同的。医院方面可以根据自己的需要，从四人中选出一人嘛。"

爱因斯坦写推荐信没有限额，讲话却惜言如金。他从不夸夸其谈，在社交仪式上，他不想讲话的时候，无论怎么邀请他都不会从命。

有一次，他应一所名牌大学校长的邀请参加宴会。主人请他即席讲几句话，他站了起来说道："各位来宾，我感到很遗憾，我实在没有什么可讲的。"

说完，他便坐下了。停了一下，他又站起来补充了一句："将来当我有话要讲时，我会再到这里来。"

过了半年，爱因斯坦给那位校长发了一封电报，说有话要讲了。于是，学校特地又举行了一次晚宴，请爱因斯坦做一次演讲。

"智者珍惜语言。""废话犹如打不中靶子的子弹。"这些至理名言是很有道理的。

爱因斯坦讲话常常妙语连珠，充满着睿智的幽默。一群大学生跑来问他，什么是相对论。他微笑着答道："你坐在一个漂亮的姑娘旁边，坐了两小时，你会以为只过了一分钟；如果你坐在一个火炉旁，只坐了一分钟，你会以为过了两小时。这就是相对论。"

小伙子们一听都乐了，高呼"相对论万岁"。

爱因斯坦的生活非常简朴，穿着随便，常常不修边幅。走在大街上，光凭他的打扮，不认识的人会把他当做一个小镇上来的钟表匠，看他脸上和善的表情，就像个爽快的手艺人，遇到星期天说不定还会去捉蝴蝶呢。

有人好奇地问："爱因斯坦博士为什么老是把头发留得长长的？为什么总喜欢穿皮夹克，又不穿袜子，不打领带呢？"

其实答案非常简单：这是为了节省时间。一切尽可能从轻从简，才觉得自在，这就是爱因斯坦的"生活哲学"。留长发可以省去理发的次数；皮夹克既耐穿，又不用洗；不穿袜子洗脚方便，也无伤大雅；至于领结、领带那些玩意儿，更是多余了。只有鞋子、裤子、衬衫、棉毛衫这些是必需品，不能省略，只要有了这些东西，爱因斯坦可以走遍全世界，在任何地方都能安心地埋头做研究。

当然，也有出错的时候。有一天，爱因斯坦穿着不同颜色的两只皮鞋到朋友家做客，受到一位熟人的取笑。他却很坦然，微笑着告诉对方说："我家里还有一双这样的皮鞋。"

爱因斯坦把献身科学、为人类造福看做自己的职责，他厌恶对名誉、金钱的追逐。生活在"金钱万能"的美国社会里，他能始终保持恬淡的心境和品格，是很可贵的。

据说，有一回一位朋友看见他把一张洛克菲勒基金会的1500美元的支票夹在书里当书签。后来这本书弄丢了！还有一回，美国广播公司邀请他作无线电讲话，报酬每分钟1000美元，但他拒绝了，说他不需要钱。

可是为公众谋福利的事，爱因斯坦却从不拒绝。1944年，为了替反法西斯战争募捐筹款，一个和平委员会派人同爱因斯坦商量，能否把1905年狭义相对论论文的手稿捐出来，公开拍卖。爱因斯坦欣然同意了。可是，1905年的论文在伯尼尔完成后，草稿没有保留下来，当时他丝毫没有想到手稿会有什么价值。后来他想了一个变通的办法，把1905年《物理学年鉴》上的论文重新抄了一遍。这份复制的手稿，在募捐大会上以600万美元的高价售与堪萨斯城保险公司，后来移交给美国国会图书馆保存。

据说爱因斯坦抄这篇论文时，让秘书杜卡斯将内容读给他听，当她念到某一处时，爱因斯坦抬起头来问道："这些话真是我写的吗？"

杜卡斯说:“是的。”

爱因斯坦感叹道:“我现在觉得,这几句话本来可以说得更简单些。”

两年后,爱因斯坦 67 岁时写了一篇《自述》,用他自己的话说是“类似自己的讣告那样的东西”,实际上是他的一部小传。

这篇《自述》是爱因斯坦应希耳普博士之请而写的,全文约 3 万字。在这篇《自述》中,爱因斯坦充满感情地回顾了自己一生努力探索过的事情,包括儿时的梦想,学生时代对麦克斯韦理论的入迷,以及法拉第、麦克斯韦对牛顿力学的批判和超越,又谈到了他的相对论。在批判了牛顿的观念后,爱因斯坦由衷地说道:“牛顿啊,请原谅我!”

九年后的春天,一位名叫科恩的美国科学杂志编辑采访爱因斯坦。科恩是研究科学史的,在访谈中宾主饶有兴趣地谈到牛顿和其他科学巨人。

爱因斯坦说,他永远钦佩牛顿。

科恩提起了牛顿和胡克关于引力反比平方定律的优先权之争时,爱因斯坦叹了一口气说:“唉,那是虚荣。你在那么多的科学家中找到了这种虚荣。你知道,当我想起了伽利略不承认开普勒的工作时,我总是感到伤心。”

话题又扯到牛顿同莱布尼茨那场关于微积分发明权的争论。爱因斯坦对此表示震惊。

“这种激烈的争论,也许是时代的特征。”科恩说。在牛顿所处的时代,学者们为发明权争得相持不下是常有的事。

爱因斯坦感慨地说:“不管时代的风尚如何,人总能凭着高贵的品质,超脱时代的羁绊……”

像牛顿那样伟大的心灵,都难免沾上世俗的尘埃,这是让人伤心的事。但是人非圣贤,孰能无过,这些瑕点掩盖不住牛顿伟大的光辉。

爱因斯坦发自内心地又说了一句:“牛顿啊,……你所发现的道路,在你那个时代,是一位伟大智者所能发现的唯一的道路。”

科恩和爱因斯坦的话题又回到“虚荣”上来。

爱因斯坦风趣地说：“虚荣可以表现为许多不同的形式。别人常说我没有虚荣，其实这也是一种虚荣。您瞧，我不是感到一种特殊的自负吗？幼稚得真像个孩子！”

说完，爱因斯坦爽朗地大笑起来。笑声像阳光一样充满着整个屋子。

望着开怀大笑的这位巨人，科恩心想：“爱因斯坦就是一个大孩子啊！”

落日

luori

迟暮之年的爱因斯坦

1949 年 3 月 14 日，爱因斯坦度过了 70 岁生日。这一天，普林斯顿举行了盛大的科学报告会向他祝贺。

爱因斯坦怀着平静的心情，静静地听着与会者的祝辞。回顾平生，他对自己取得的成就并不满足。他觉得在我们之外有一个巨大的世界，它离开我们人类而独立存在，它在我们面前就像一个伟大而永恒的谜，而我们仅仅认识了它的一部分。探索真理的道路，永远没有尽头……

爱因斯坦过了 70 岁高龄，仍然壮心不已。

这年冬天，他终于完成了“统一场论”。

“爱因斯坦教授发表了新学说！”报纸和广播竞相报道了这条新闻。

论文是 12 月 26 日在纽约举行的美国科学协进会年会上发表的。爱因斯坦经过 30 多年的努力，克服了巨大的困难，终于建成了相对论大厦的最高一层。